U0937970

本书由
中央高校建设世界一流大学（学科）
和特色发展引导专项资金
资助

此文系教育部哲学社会科学研究重大课题攻关项目“司法管理体制改革研究”的系列成果之五 (项目编号：14JZD024)

中南财经政法大学『双一流』建设文库

创—新—治—理—系—列

司法伦理规范研究

徐汉明　刘国媛等　著

中国财经出版传媒集团

经济科学出版社
Economic Science Press

图书在版编目（CIP）数据

司法伦理规范研究/徐汉明等著. —北京：经济科学出版社，2020. 6
（中南财经政法大学“双一流”建设文库）
ISBN 978－7－5218－1634－1

Ⅰ. ①司…　Ⅱ. ①徐…　Ⅲ. ①法伦理学－研究
Ⅳ. ①D90－053

中国版本图书馆 CIP 数据核字（2020）第 099328 号

责任编辑：孙丽丽　纪小小
责任校对：王苗苗
版式设计：陈宇琰
责任印制：李　鹏　范　艳

司法伦理规范研究
徐汉明　刘国媛等　著
经济科学出版社出版、发行　新华书店经销
社址：北京市海淀区阜成路甲 28 号　邮编：100142
总编部电话：010－88191217　发行部电话：010－88191522
网址：www. esp. com. cn
电子邮箱：esp@ esp. com. cn
天猫网店：经济科学出版社旗舰店
网址：http：//jjkxcbs. tmall. com
北京密兴印刷有限公司印装
787×1092　16 开　11 印张　180000 字
2020 年 12 月第 1 版　2020 年 12 月第 1 次印刷
ISBN 978－7－5218－1634－1　定价：45. 00 元
（图书出现印装问题，本社负责调换。电话：010－88191510）

总　序

“中南财经政法大学‘双一流’建设文库”是中南财经政法大学组织出版的系列学术丛书，是学校“双一流”建设的特色项目和重要学术成果的展现。

中南财经政法大学源起于1948年以邓小平为第一书记的中共中央中原局在挺进中原、解放全中国的革命烽烟中创建的中原大学。1953年，以中原大学财经学院、政法学院为基础，荟萃中南地区多所高等院校的财经、政法系科与学术精英，成立中南财经学院和中南政法学院。之后学校历经湖北大学、湖北财经专科学校、湖北财经学院、复建中南政法学院、中南财经大学的发展时期。2000年5月26日，同根同源的中南财经大学与中南政法学院合并组建“中南财经政法大学”，成为一所财经、政法“强强联合”的人文社科类高校。2005年，学校入选国家“211工程”重点建设高校；2011年，学校入选国家“985工程优势学科创新平台”项目重点建设高校；2017年，学校入选世界一流大学和一流学科（简称“双一流”）建设高校。70年来，中南财经政法大学与新中国同呼吸、共命运，奋勇投身于中华民族从自强独立走向民主富强的复兴征程，参与缔造了新中国高等财经、政法教育从创立到繁荣的学科历史。

“板凳要坐十年冷，文章不写一句空”，作为一所传承红色基因的人文社科大学，中南财经政法大学将范文澜和潘梓年等前贤们坚守的马克思主义革命学风和严谨务实的学术品格内化为学术文化基因。学校继承优良学术传统，深入推进师德师风建设，改革完善人才引育机制，营造风清气正的学术氛围，为人才辈出提供良好的学术环境。入选“双一流”建设高校，是党和国家对学校70年办学历史、办学成就和办学特色的充分认可。“中南大”人不忘初心，牢记使命，以立德树人为根本，以“中国特色、世界一流”为核心，坚持内涵发展，“双一流”建设取得显著进步：学科体系不断健全，人才体系初步成型，师资队伍不断壮大，研究水平和创新能力不断提高，现代大学治理体系不断完善，国际交流合作优化升级，综合实力和核心竞争力显著提升，为在2048年建校百年时，实现主干学科跻身世界一流学科行列的发展愿景打下了坚实根基。

“当代中国正经历着我国历史上最为广泛而深刻的社会变革，也正在进行着人类历史上最为宏大而独特的实践创新”，“这是一个需要理论而且一定能够产生理论的时代，这是一个需要思想而且一定能够产生思想的时代”①。坚持和发展中国特色社会主义，统筹推进“五位一体”总体布局和协调推进“四个全面”战略布局，实现“两个一百年”奋斗目标、实现中华民族伟大复兴的中国梦，需要构建中国特色哲学社会科学体系。市场经济就是法治经济，法学和经济学是哲学社会科学的重要支撑学科，是新时代构建中国特色哲学社会科学体系的着力点、着重点。法学与经济学交叉融合成为哲学社会科学创新发展的重要动力，也为塑造中国学术自主性提供了重大机遇。学校坚持财经政法融通的办学定位和学科学术发展战略，“双一流”建设以来，以“法与经济学科群”为引领，以构建中国特色法学和经济学学科、学术、话语体系为己任，立足新时代中国特色社会主义伟大实践，发掘中国传统经济思想、法律文化智慧，提炼中国经济发展与法治实践经验，推动马克思主义法学和经济学中国化、现代化、国际化，产出了一批高质量的研究成果，“中南财经政法大学‘双一流’建设文库”即为其中部分学术成果的展现。

文库首批遴选、出版二百余册专著，以区域发展、长江经济带、“一带一路”、创新治理、中国经济发展、贸易冲突、全球治理、数字经济、文化传承、生态文明等十个主题系列呈现，通过问题导向、概念共享，探寻中华文明生生不息的内在复杂性与合理性，阐释新时代中国经济、法治成就与自信，展望人类命运共同体构建过程中所呈现的新生态体系，为解决全球经济、法治问题提供创新性思路和方案，进一步促进财经政法融合发展、范式更新。本文库的著者有德高望重的学科开拓者、奠基人，有风华正茂的学术带头人和领军人物，亦有崭露头角的青年一代，老中青学者秉持家国情怀，述学立论、建言献策，彰显“中南大”经世济民的学术底蕴和薪火相传的人才体系。放眼未来、走向世界，我们以习近平新时代中国特色社会主义思想为指导，砥砺前行，凝心聚

① 习近平：《在哲学社会科学工作座谈会上的讲话》，2016年5月17日。

力推进“双一流”加快建设、特色建设、高质量建设，开创“中南学派”，以中国理论、中国实践引领法学和经济学研究的国际前沿，为世界经济发展、法治建设做出卓越贡献。为此，我们将积极回应社会发展出现的新问题、新趋势，不断推出新的主题系列，以增强文库的开放性和丰富性。

“中南财经政法大学‘双一流’建设文库”的出版工作是一个系统工程，它的推进得到相关学院和出版单位的鼎力支持，学者们精益求精、数易其稿，付出极大辛劳。在此，我们向所有作者以及参与编纂工作的同志们致以诚挚的谢意！

因时间所囿，不妥之处还恳请广大读者和同行包涵、指正！

中南财经政法大学校长 杨灿明

前言

在全面推进依法治国的当下，研究司法伦理规范，对于丰富完善法治的内涵有着重要的理论意义与实践意义。党的十八届四中全会通过的《中共中央关于全面推进依法治国若干重大问题的决定》明确指出：全面推进依法治国的总目标是建设中国社会主义法治体系，建设社会主义法治国家——显然司法是推进法治体系、建设法治国家的重要一环，司法改革在实现“两个一百年”奋斗目标中的地位也越来越重要。然而，正如习近平同志指出新时代我国社会主要矛盾是人民日益增长的美好生活需要与不平衡不充分的发展之间的矛盾一样，人民对司法公正的期待和美好向往与现实之间也存在一定的矛盾和张力，而且司法体制改革攻坚阶段所暴露出的痼疾让这种矛盾更加突出，从而使得司法这道化解矛盾、维护社会公平正义的最后一道防线显得不够牢固。

上述问题产生的原因是多方面的。作为司法实践参与者的法官、检察官、律师、法学学者等虽然都是法律职业从业者，但无论在理论层面还是实践层面，似乎对司法公正的内涵及进路并没有达成基本共识，从而使得这些重要的司法参与者、研究者无法形成合力以推进司法公正和法治建设进程。

本书暂且抛开理论上的宏大叙述——因为法治和司法公正从来都不是一蹴而就的，也未必就只有一条路可走；而选择从司法实践的制度和个体层面，就司法伦理的内涵、规则及司法伦理在促进法律职业共同体法治观及进路共识的价值和可能性进行探索，从而能使法官、检察官、律师、法学学者这些司法的直接参与者在对司法公正及进路的共识下形成合力，共同推进中国特色社会主义法治体系的建设和司法公正的实现。为此，来自司法实践一线，同时又具有一定理论功底的法官、检察官、律师组成了本书编写组，以努力实现这一目标。

本书共七章，分为三个部分。第一部分由第一、第二、第三章组成，通过对司法伦理基本概念、体系、价值及渊源流变的梳理和比较研究，根据当前司法实践，努力构建我国司法伦理架构体系。第二部分由第四、第五、第六章组成，这一部分根据司法职业及目标的不同，分别就法官、检察官、律师之司法伦理的内涵、制度保障及个体修养进行了探索性讨论，是比较贴近现实和有针对性的。第三部分由第七章组成，这一部分讨论了法学学者在司法实践中的地位和应遵守的司法伦理，更重要的是，这一部分试图通过提取最大公约数的方式，归纳出法官、检察官、律师、法学学者这一法律职业共同体的司法伦理共识，继而在这种共识的谨慎感召下，放下自己的职业偏执，回归现实中的法律，恪守法律，尊重对方法律职业行为，共同维护司法底线正义，推进中国特色社会主义法治建设和司法正义进程。

尽管编写组有这种良好的愿望并做出了努力，但在付梓之际，仍惴惴不安——意虽未尽，但力有不逮，如有不当及谬误之处，尚祈方家、读者批评指正以求精进。

在教育部哲学社会科学“司法管理体制改革研究”重大项目的系列研究成果之五——《司法伦理规范研究》即将付梓面世之际，作为主持人对撰写小组刘国媛研究员等全体人员表示衷心谢忱！

是为序。

徐汉明

2018 年 12 月 30 日于武汉东湖高新区绣球山庄

目　录

第一章　司法伦理概述

第一节　司法伦理的概念　2

第二节　司法伦理规范的体系与结构　13

第三节　司法伦理的研究方法　18

第四节　司法伦理规范研究的时代背景与意义　20

第二章　司法伦理规范之流变

第一节　我国古代司法伦理规范　28

第二节　域外司法伦理规范之历史渊源及发展　48

第三节　中外司法伦理规范比较及启示　58

第三章　中国特色司法伦理规范建构

第一节　司法伦理的价值　64

第二节　司法伦理规范的原则　67

第三节　司法伦理规范的规则　75

第四章　法官伦理规范

第一节　法官伦理规范的基本内容　82

第二节　法官伦理规范的制度保障　90

第三节　法官伦理规范的个人修养　102

第五章　检察官伦理规范

第一节　检察官伦理规范的基本内容　112

第二节　检察官伦理规范的制度保障　121
第三节　检察官伦理规范的个人修养　134

第六章　律师伦理规范
第一节　律师伦理的基本原则　142
第二节　律师伦理规范　144
第三节　律师的自我道德修养　151

第七章　法律职业共同体司法伦理规范
第一节　法律职业共同体的范畴　154
第二节　法学学者司法伦理规范　155
第三节　法律职业共同体的司法伦理规范　157

参考文献　160
后记　163

第一章
司法伦理概述

人属于自然的一部分，经千百万年不断进化，从自然中脱颖而出，形成有别于其他生物的人类社会；在这个社会里，人挥手与动物本能告别，在有意或无意的选择之后，产生了道德和法律，并以之维系着人类的生存繁衍和发展，进而形成人类文明。

作为文明的重要组成部分，道德与法律有如“并蒂莲”，促进着人类的发展。然而，道德并非法律，法律亦非道德，二者的混淆可能且事实上造成了很大的困扰；如果二者应当有所区别，那其界限何在？关系如何？法律及其运行应该具有怎样的道德？作为维护公平正义的最后一道门，司法应具有怎样的道德特性？这是法律伦理及司法伦理研究的主要内容。

第一节　司法伦理的概念

一般认为，司法伦理属于司法伦理学的范畴，是法律伦理学体系的组成部分。法律伦理学是法学和伦理学交叉产生的新兴学科，主要研究法律运行中的道德问题，其学科体系包括一般理论、立法伦理、执法伦理、司法伦理、守法伦理及法律监督伦理等。①

一、伦理与伦理学

在汉语中，伦和理是两个词，许慎《说文解字》解释道：伦，从人仑声，辈也，一曰道也。理，从玉里声，治玉也。根据许慎的解释，伦，表示人的辈分及不同辈分的人之间的行为准则，也叫人伦。最典型的人伦是儒家五伦，即父子有亲、君臣有义、夫妇有别、长幼有序、朋友有信。中华文明崇尚天人合一，认为天地人是一体的，人伦是大自然的客观规律，即天道，在人及人类社

① 李建华：《法律伦理学》，湖南人民出版社 2006 年版，第 5 页。

会的体现，故“伦”也属于天道，此即许慎所言“一曰道也”。许慎认为，理是指雕琢玉石时所应顺应的纹路，反映了玉石形成的过程及雕琢应该遵循的规律，意为物质本身的纹路、层次或客观事物的规律等，有“道”的意思。可见，在汉语言词语学中，无论是“伦”，还是“理”，均体现了中华民族特有的文化和世界观，特指人或人类社会所固有和应当遵循的规矩或规律，具体而言即天道人伦。

另据考证，伦理二字的合用，最早出现于《礼记》：“乐者，通伦理也”，意即音乐与伦理是相通的，或者说音乐应该反映天道人伦，故有“乐殊贵贱、礼别尊卑”之说。在此情景之下，乐和礼已不仅仅是一种艺术、行为或仪式，而是一种不可悖逆的、与天道相通的、区分长幼贵贱的规矩，破坏这种规矩，轻则视为无礼，重则属于违背天伦、大逆不道，甚至会导致杀身之祸。如孔子认为“是可忍，孰不可忍”的，只因季孙氏身份为诸侯，却使用了天子专享的“八佾”之舞乐；中国古代法“十恶不赦”也体现了对破坏这种规矩的严厉处罚。①

而在西方，伦理一词源于希腊文“Ethos”，意指特征、气质或体现特征气质的风俗习惯等，后来，罗马人用“Moralis”翻译“Ethos”，引申为人的行为应当遵守或符合的规则，其外在表现为风俗习惯，内化为品性、品德。可见，在西方，伦理与道德基本上同义。② 但最早赋予伦理道德属性的是亚里士多德及其著作《尼各马科伦理学》。《尼各马科伦理学》是西方第一部伦理学专著，探讨了道德行为发展环节与道德的各种规范，以幸福和德性为立足点，系统阐述了德性在于行为的理性、至善即幸福等观点，成为西方近现代伦理学思想的主要渊源之一。然而，在西方，早期伦理多与道德混用，直到黑格尔出现才将伦理与道德进行明确区分，他指出：“伦理更多表征群体、客观、具有普遍性的道德规则，是社会的道德；而道德则侧重指个体、主观和具体现象的道德性，是个人的道德。”③

何为伦理学？不同的学者给出了不同的定义。

从研究对象的角度，伦理学家对伦理学的定义总体上可归纳为以下三种：第一种观点认为，伦理是有关“善”的哲学范畴，伦理学即有关研究善和恶的

① 十恶即谋反、谋大逆、谋叛、恶逆、不道、大不敬、不孝、不睦、不义、内乱。
② 王海明：《伦理学方法》，商务印书馆 2003 年版，第 3 页。
③ 李本森：《法律职业伦理》（第三版），北京大学出版社 2016 年版，第 3 ~4 页。

科学；第二种观点认为，伦理研究的是人的理想或幸福，伦理学即关于个人及人类理想和幸福的科学；第三种观点认为，伦理学是研究人类道德现象及规律的科学。

从研究方法的角度，伦理学可以分为三大类型，即描述伦理学、规范伦理学和元伦理学。描述伦理学重在通过大量事实材料，对道德现象进行经验性描述，再现道德的社会本性、心理规律、民族特征等，进而得出经验性、总结性的善恶标准和道德规则，但并不对道德规则和善恶标准进行价值判断。规范伦理学则立足价值—规范方法，探讨善与恶的内涵及善与恶的界限和标准，研究道德渊源、本质和发展规律，以指导道德实践，实现善的价值（如人道、自由等），侧重道德内涵的论证、规范制定和实施，包括理论伦理学和应用伦理学，有价值论学派、德行论学派（美德论学派）、义务论学派。元伦理学通过对道德语言（概念、判断）的意义和逻辑功能分析，研究语言和逻辑上的善、正当、应该及价值判断的理由和依据，对道德本身、道德对人及社会的意义则不予讨论。

根据伦理学研究现象所处领域的不同，伦理学有生态伦理、医学伦理、法律伦理、网络伦理、科技伦理、护理伦理、工程伦理、管理伦理等分支，但总体上，这些分支都是伦理学在特定领域的应用，属于规范伦理学之应用伦理学的范畴，研究的是特定领域的道德问题。

综上所述，尽管学界对伦理及伦理学有不同的理解和界定，但其所研究的基本命题都是谋求人或者人类福祉，只是各自对福祉内涵的界定、研究方法、研究侧重点不同而已。质言之，伦理学即研究道德现象及规律的科学，是关于道德理论、道德规范和道德实践的科学①；因而伦理学也称道德哲学，而且人们通常对伦理和道德并不进行严格区分，甚至将两者并称为伦理道德。

伦理学属于哲学范畴，是哲学的一个分支，其基本命题是善恶问题。善是人类最大的福祉和理想，向善、行善也是实现该福祉和理想的路径；因而，在一定意义上，善是伦理的目的，也是实现这一目的的基本方法。同时，善是一种价值取向和判断标准，指引着人创造更好的社会秩序和生活；正因为如此，

① 道德基本理论范畴包括道德的起源与发展规律、道德的本质、道德的结构与功能等，道德规范的范畴主要包括道德原则、道德规范、道德范畴等，道德实践范畴包括道德心理、道德行为、道德选择、道德评价、道德教育、道德修养、道德建设等。参见《伦理学》编写组：《伦理学》，高等教育出版社、人民出版社2012年版，第3页。

人权宣言》所确认和宣扬。

平等是公民实现其他基本权利的前提与基础。唯有平等，才有公正和正义的可能。因此，平等原则是司法伦理规范的基本原则。在司法活动及规则中，平等地保障每个当事人的知情权、参与权及胜诉权是司法伦理及司法伦理规范的基本要求。如保障双方当事人能及时获得对方提交的诉讼文书、告知司法人员基本信息、充分保障当事人双方在司法活动中的参与权等，甚至可以采取抽签或当事人协商的方式确定审判人员——某种程度上，审判人员应该充当一个旁观者的角色，让当事人去表演、博弈，然后作出裁判；只有在当事人偏离舞台时将其拉回来，而不是参与或指挥表演。

平等在有关刑事司法活动中尤为重要。现实中，控方占据审前绝对的主动权和掌控权，辩方只能在控方搜集的证据和程序中寻找漏洞和瑕疵，进而在审判中突破辩方的封锁。但显然这种被动且受到限制的控辩交锋是有失平等且不利于权利保护的。因此，在涉及犯罪嫌疑人权利保护、辩护人权利保障等方面应该加以平衡，如取保候审以批准为原则、不批准为例外，扩大辩护人介入案件的时间节点和职权（如保护辩护人的取证权）、切实落实保障辩护人的辩护权利等——原则上讲，控方与辩方在调查取证及庭审中的权利应该是平等的。

但是平等并非绝对，而是同等情况同等对待、同等保护，体现的是一种机会平等及保障机制，而非结果上的平等。如法律及司法规范对举证责任的分配，原则上采取“谁主张、谁举证”并承担举证不能的不利后果，而非被告或辩方自证清白，当然被告或辩方也可自证清白，但却不是必须。这看似不平等，却正是平等的体现，因为原告或控方的行为对被告或辩方往往是不利的，为了体现对权利的平等保护，就必须让原告或控方承担相应的举证义务和责任，以防止原告或控方利用固有优势损害被告合法权益。对于举证责任倒置的规定同样也是基于对权利的平等保护，因为在这种情形下，举证方在相关争讼事项中往往拥有绝对的控制权，如果让对方当事人举证，则无异于让其享有的权利实际落空。

三、证据原则

司法是还原事实并适用法律的过程。法官并非纠纷或案件的亲历者，故司法官须先以事实发生过程中留下的痕迹进行认定，进而还原客观事实，然后在还原客观事实的基础上，适用法律作出裁决。因此，证据是司法的基础和前提，证据原则构成司法伦理的基本原则，决定着司法公正的实现。证据原则具体包括：

1. 证据的合法性

证据合法性包括证据法定和依法取证两个方面。非法定证据不得作为认定事实的依据，这一点已由法律所确认。证据必须依法获得，非法取得的证据其采信应当受到严格限制，某种程度上，正是司法在这个方面的妥协，才导致了若干社会影响强烈的错案，因为在这些案件中，几乎都存在刑讯逼供情形下取得的证据被作为定案证据使用的情形。当然，绝对排除这些证据也并不符合我国国情，那么，司法中是否可以：一方面，明确规定非法证据排除适用的情形；另一方面，在限定范围内和利害关系人同意的前提下，采取一种控辩交易——采信非法取得的证据，但同时从轻或减轻当事人的责任并严惩违法取证当事人。

2. 证据链的完整性与证明力

虽然刑事与民事案件遵循不同的证明原则（排除一切合理怀疑 vs 优势证据），但用于定案的证据必须构成完整的证据链条并具有充分的证明力是统一的，司法官必须坚持依法对证据链条的完整性及其证明力进行鉴别和认定，坚持疑罪从无。正式司法过程中对证据链完整性及证明力的忽视和认定错误，才会发生佘祥林等案中受害人“死人复活”、胡格吉勒图案未对受害人体内精斑进行 DNA 鉴定即定案的情况，从而酿成大错，引发公众对司法公正和权威的质疑。

3. 使命话语下的先入为主与司法证据逻辑

在刑事案件中，公安机关和检察机关的使命与职责是侦查刑事犯罪并依法追究刑事责任，在这种使命感召下，基于传统司法文化思维惯性，侦、控机关事实上将“绝不放过一个坏人”的惩罚犯罪置于“绝不冤枉一个好人”以保护公民权益更为优先的位置，这就导致了将破案率、破案的效率、有罪判处比例作为衡量工作业绩的首要考核指标，进而在该使命话语权及考核情形下，极易先入为主，进而在先入为主之立场的主导下，影响证据及证明力的认定，使先入为主凌驾于司法证据理性逻辑之上，从而造成司法错误和不公。司法伦理的证据原则必须克服使命话语权下的先入为主及有罪推定或疑罪从轻思维惯性和使命，切实以保护公民人身权利为基本原则，坚持司法证据原则。

四、审判权、检察权依法独立行使原则

我国《宪法》第一百二十六条、第一百二十八条、第一百三十一条、第一百三十三条规定：法院、检察院依法独立行使审判权、检察权，不受行政机关、社会团体和个人的干涉；最高人民法院、最高人民检察院及各级人民法院、人民检察院分别向产生它的人民代表大会负责。但宪法这一对司法机构在国家权力架构及政治上的安排完全不同于西方——司法机构需向产生它的人民代表大会负责，并不享有与立法、行政相对等的宪法地位。可见，我国的司法独立不同于西方三权分立理论和实践中的司法独立，而是呈现出以下特征：

（一）审判权、检察权依法独立行使

根据我国宪法，人民法院和人民检察院均独立于行政机关，但必须对产生它的人民代表大会及常委会负责，即人民法院、人民检察院相对享有立法职权的国家权力机关是不独立的；而且法官、检察官还需由人民代表大会选举和任命。因此，我国的司法独立，有别于西方司法独立的要义在于司法职权独立，而不是司法机关地位的独立。

（二）审判权、检察权依法独立行使与坚持民主集中制是并行不悖的

在西方，司法独立体现的是一种精英司法理念，即公民或国家完全将司法职能委托于法官这个精英群体行使，赋予其只受法律和良心约束，而不受其他任何因素（如政党、政府更替）干涉的超然地位，以确保其对立法和行政的制约；因此司法的独立，更多地是通过司法官的独立裁判来体现，所以很多有影响的判例更多地体现了法官个人的智慧和价值取向。而根据我国《宪法》《人民法院组织法》《人民检察院组织法》等法律规定，民主集中制是各级司法机关、检察和审判组织行使职权的基本原则。人民法院、人民检察院依法独立行使审判权、检察权的主体是法院和检察院，而非法官和检察官个体；兼之审判委员会、检察委员会及其民主集中制议事制度的设置，使得个案裁判更多体现的是司法机关而非司法官的智慧和价值取向。推行“谁办案、谁负责”“让审理者裁

判、让裁判者负责”的司法责任制改革，虽然其理念上引入了法官、检察官依法独立行使办案权的本体理念，但其本质是在宪法和法律所赋予法院、检察院所依法独立行使审判权、检察权的基础上所派生的权力，是法院、检察院所依法独立行使审判权、检察权的一种体现形式，有利于充分调动和发挥法官、检察官的履职尽责，确保司法公正，防止冤错假案的发生，两者是里与表、内容与形式的关系。因此，这一制度安排与法院、检察院依照民主集中制原则依法独立行使审判权、检察权是并行不悖的。

（三）法院、检察院依法独立行使审判权、检察权与坚持党的领导相行不悖

法律是党和人民意志的最高体现，忠于法律，就是忠于党、忠于人民；坚持司法公正，就是坚持党的领导。现实中，将司法独立与坚持党的领导有意无意对立起来的观点，一方面是文化自信和道路自信缺乏、“言必称希腊”的思想在作祟；另一方面也与部分行政机关、领导法治意识不强，“递条子、打招呼、定调子、设期限、派任务”等干涉司法的行为造成的不良影响有关。因此，在司法和法治实践中，一方面，党应通过立法等方式实现对司法的间接和一般领导，避免对个案施加直接和个别的影响或领导，避免司法问题泛政治化或者用运动的方式解决司法问题；另一方面，要扎好“篱笆”，预防行政机关、其他组织和人员假借党的名义对司法进行干涉。

法院、检察院依法独立行使审判权、检察权的核心是确保中央司法事权的统一性、权威性，并且审判权、检察权在行使过程中不因行政区划、案件管辖、财力资源支撑的差异与变动而使之异化成为地方的法院、检察院，尤其是不能使之成为地方保护、利益驱动、挑战中央权威的工具。因而，这一制度安排首先对于排除地方行政官员“递条子、打招呼、定调子、设期限”等不当干扰，制衡地方给法院、检察院分摊经济社会发展项目等与审判、检察事务毫无关联的事项具有天然的抵制力、排斥力。事实上，法律是弱者的武器、社会正义的最后一道闸门，司法机关做好本职、公正司法就是对社会进步和发展的最大贡献。其次，必须改进对司法官的考核、奖励方式——类似企业或行政绩效考核、奖励的方式，如早期的结案率、调解结案率、上诉率等，如同一支无形的指挥棒，左右着司法官的行为，影响着司法公正和效率提升。最后，避免运动式司法和司法运动。司法是一个被动、缓慢、渐进的过程，运动式司法或开展司法

运动可以迅速产生效果，但从长远来看，通常会损害司法公正及权威，得不偿失，这可以从改革开放初期的经验中得到验证。

总而言之，无论是法理上还是根据我国宪法，依法独立行使审判权、检察权是中国特色社会主义司法伦理的基本原则，与宪法确定的坚持社会主义道路、坚持党的领导等基本原则是一致的。

五、效率原则

“效率”原本是一个经济学概念，指单位成本（是时间成本、经济成本等资源投入的综合）的产出。司法效率在司法运行的宏观角度，就是通过充分合理分配、运用司法资源，以最低的司法成本实现最大的司法成果；而在当事人个体的微观层面，则在于在尽可能短的时间内以较低的经济成本实现司法校正正义。当前，司法改革之所以迫在眉睫、刻不容缓，根本上是社会经济发展的客观需求，客观表现为司法资源配置和效用的低效率以及个体追求司法正义所不得不承担的高成本，从而使司法之正义令人望而却步。

司法行为作为人类社会活动的一种，其效率的提升，不仅有利于实现司法矫正正义，避免“迟到的正义非正义”，也有利于树立司法权威，维护良好的司法秩序和社会秩序，更好地匹配于经济发展的需求。

（一）分工与专业化

人类经济和文明的发展就是一部分工与专业化的历史，也正是分工与专业化，从而使得同样的投入，可以有更多、更好的产出。司法是一项非常专业、两造及法曹参与的三方活动，因此必须通过分工，才能使这项复杂、耗时的活动得以顺利、快速地完成。而这种分工和专业化应该存在于三个层面：

首先，司法职能与司法保障的分工和分离。当前一个不容回避的客观事实是，司法机关不从事一线审判、检察业务的人员比重依然较高，造成机构臃肿、效率低下，一线法官、检察官压力颇大。对此，专家、学者一直呼吁必须对此予以改革，其中一个重要的改革方向就是司法去行政化和利用市场机制与资源为司法提供保障。①

其次，司法职能内部的分工。从提高效率的角度，法院在实现立案、审判、执行、监督和民、刑专业细分以及检察院实现侦查监督、公诉、贪腐监察、审判监督、监所监察等初步分工情形下，应该尝试从业务过程的角度，对具体类型业务进行进一步分工和流程优化，如审判过程中，对送达、公告、预审等的进一步分工，这一点可以从公司化经济组织和国际质量管理体系过程控制方法论中寻找新的解决思路，以提高效率。

最后，司法官的专业化。统一的司法考试为司法官的专业化提供了基本保障，当前需进一步强化的是提高司法官的准入制度，彻底排除非专业人士的进入以及加强司法官之间的横向流动，尤其是律师与法官、检察官之间的横向流动；同时，建立司法官共同职业规范亦有必要。

（二）司法业务流程化

司法活动流程化是提高司法效率的重要途径。过程方法是经济组织和国际质量管理体系的一种重要方法，强调任何活动均为一个由输入转化为输出的过程。以审判活动为例，受理的案件及司法官为过程输入，判决书为过程输出；这个过程包括送达、庭审、调解、合议、撰写判决书、判决书送达等活动，通过对这些过程活动的进一步合理分工和专业化，可以在确保质量的同时提高效率。当然，这需要进行系统的研究和实验，但显然可以一试，如同医院治疗疾病一样，医生显然是其中的关键和核心，但挂号、检查、取药、打针、住院等都是通过分工协作而完成，包括一台手术的完成，也是若干部门、若干专业、若干人等合作的结果。

（三）期限定额与费用承担

司法效率考核的主要依据是时间成本和经济成本。实践中，旷日持久、久拖不决是律师、当事人不满司法的主要原因之一，其中的原因在于有些活动缺乏明确期限规定（如从送达不能到公告之间的时间间隔），有些是司法官刻意为

① 如有学者认为，裁判的执行属于一种行政行为，因此建议将执行部门及工作从法院组织中予以取缔，裁判执行工作另交行政部门执行。缪蒂生：《当代中国司法文明与司法改革——一种实证方法的研究》，中央编译出版社 2007 年版，第 161 ~162 页。

之（如因积案太多或年底结案率考核需要，将本应适用简易程序的转为普通程序，要求当事人先撤诉、再起诉，以满足时效和法院结案率的要求）。

降低案件受理费收费标准或者制定案件受理费最高限额，是降低当事人诉讼成本、间接提高司法效率的一种途径，有利于当事人降低诉讼成本，避免因“打不起官司”而陷入无从救济的窘境。例如，在存在反诉的情形下，是否可以减半收取受理费也是值得考量的。

第三节 司法伦理规范的规则

司法伦理规范的规则是司法制度和司法行为的具体指南，是司法伦理规范原则在司法制度和司法行为中的具体体现，具有普遍的约束力，以保障司法伦理规范原则和其背后价值追求的实现。根据司法行为的性质和内容，司法伦理规范包括以下几方面的规则。

一、分工规则

从农业文明进入工业文明后，社会生产和生活的复杂化，使分工成为必然和必要，而伴随分工的则是职权分配及协作，由此产生了协调、管理问题。司法活动的运行和组织亦是如此。鉴于此，才出现了以西方三权分立等为代表的系列理论和制度安排。

司法的分工和职权，在国家层面的顶层设计中表现为人民代表大会制度下的分工、协作和监督关系。在中观层面，则体现为法院、检察系统内部，不同级别司法机关之间管辖范围及相互之间关系的规定。如不同级别法院管辖范围之间的分工以及上下级法院之间的监督关系，海事、知识产权等专门管辖等；不同级别检察院之间的分工以及之间的领导关系等。在微观层面，则为司法机关业务层面的分工与协作，如法院内部按业务流程进行了立案、审判、执行等分工，同时根据需要对某个具体的业务进行更为细致的分工，如审判分为民事、刑事、行政、知识产权等。监察机关也存在同样的分工。

本书侧重于司法微观层面的分工与协作研究。笔者认为，明确各司法机关的组织架构和职权，进而规定各自职权的边界、接口，是分工与协作、确定责任的前提，同时也是确保司法通畅和效率的基础。在此过程中，司法业务流程化和减政既是重点，也是难点。

司法业务流程化，要求对司法活动的过程进行具体和细致的分解与分析，在此基础上，对具有共性的业务应该适当集中①，以提高司法质量和效率；在集中和流程化设计中，同时要注意分工之间接口参数的设计以及分工之间的相互制约关系，以防止腐败、枉法发生的可能性，这一点在经济领域有非常成熟的理论和方法。

司法机构的减政，在于让司法机构及司法官专注于司法，而无须遭受与司法无甚关联事务的干扰。减政的关键在于：一方面，彻底消除与司法无关的事务，如扶贫、救灾、参与创建××城市等——其实，司法机关公正履行其职权，就是最好的扶贫、救灾；另一方面，在于尽可能用市场的方法和思路解决司法活动中的一些支持性和辅助性工作，如后勤保障、科研等。②

二、程序规则

如前所述，司法伦理的核心价值在于实现正义，但司法不能确保正义的完全实现，只能通过一系列制度和操作层面的规范性程序设计与安排，确保最低限度正义的实现，此即司法伦理规范的程序规则。正当程序理论是司法伦理规范之程序规则研究和实践的总结。根据该理论及我国实践总结，司法伦理规范之程序规则的重点至少应包括以下几个方面：

1. 权利平等保护规则

虽然司法存在公正与效率的协调问题，但就当前司法实践而言，公正应该

① 例如，审判环节的所有送达行为，可以统一行使；再如，审前证据交换和预处理，可以交由专门人员处理等。

② 例如，有人建议将法院执行职能剥离，交由行政机关执行。

优先于效率，在这一点上，经2017年修订的《中华人民共和国民事诉讼法》有关小额诉讼一审终结的规定是有悖权利的平等保护这一司法基本原则的；另外，可以通过简化司法程序、加大各机关之间的合作共享来提高效率，如司法机关与工商、公安、银行之间的信息共享等。

2. 司法官中立性规则

为确保司法官的中立，可以通过随机指定司法官或经由当事人采取仲裁方式协商指定审判人员，以防止枉法和腐败。

3. 当事人知情权保障规则

确保知情权，是当事人了解自身权利并及时行使该权利的前提，当事人可以在信息充分的情形下，更好地从维护自身权利的角度作出对自己最有利的决策。因此，司法伦理、规则和活动，应充分告知权利并确保当事人有足够的时间和可能行使该权利，如提前告知举证责任承担、司法官组成及申请回避、司法救济（申请法律援助）、聘请律师的权利等。

4. 民主集中制规则

我国的司法独立实质是司法业务层面的独立，并非司法机构地位和权力的独立，因为在我国宪法体制安排中，司法机关是要接受党的领导并向人民代表大会负责的。这种司法业务独立一方面体现为不受行政机关、组织及个人的干涉；另一方面，在具体的争讼案件中，司法官应独立发表自己的司法意见，最后由合议庭、审判委员会或检察委员会通过多数决议或民主集中制作出最终司法裁决。

5. 司法仪式和礼仪规则

进一步规范和严肃司法仪式与礼仪，是彰显和树立司法公信力及信仰的重要途径和方式。但无论在立法还是实践层面，这一点均未引起足够的重视。

三、保障规则

西方司法理论和实践通过确立一系列的制度安排，以确保司法的公正性，如法官采用任命制而非选举产生，这样法官可以免受选民及选情左右；法官实行终身制，非经弹劾及立法机构审理不被解职；法官薪酬不得减少以确保法官经济独立；而且法官享有几乎绝对的豁免权，对行使职权过程中的错误甚至是故意行为都免于追究责任。①

西方模式显然并不符合我国政体及实际，但根据我国司法现实及法治建设需要，加强司法保障确有必要，具体而言主要保障有：

1. 人事保障

必须确保司法机构的人力资源主要从事司法核心业务，其他事务性、辅助性、行政性工作应通过市场化、与行政机关的合理分工等予以逐步解决，以避免司法机构臃肿但实际从事司法业务的人员有限这一现象。

2. 职业保障

应建立明确、规范的司法职业保障制度，包括司法官的准入基本条件（包括陪审员）、职务体系、薪酬福利体系、考核体系、奖惩及退出机制等，在这一点上可以借鉴企业人力资源管理的有益经验和做法。

3. 经济保障

一方面，应立法明确规定司法机关经费的预算、决算程序和额度标准，确保司法机关经费的金额和增长不得低于宏观经济的一定比例和增长速度，以解决司法经费的问题；另一方面，必须全面规范、提高司法官的薪酬福利待遇，通过阳光下的高薪养廉，以确保司法的公正，但必须与司法官的惩戒相挂钩，对此后文再述。

4. 权威保障

各级党组织、行政机关、立法机关必须尊重并配合司法机关的职务行为，模范执行司法机关依法作出的各类生效法律文书，这是确保司法权力的关键。但现实中，各类组织、机关官僚主义、本位主义严重，法律意识淡薄，权责不清等对司法活动及其权威造成一定的障碍和挑战。

5. 业务能力保障

司法是极其专业的，因此，司法伦理规范应当包含一系列保障业务能力的规则和制度，包括理论研究、司法环境研究、司法官准入标准、司法质量评估与改进等。例如，加大从具有丰富社会从业人员中选拔司法官的力度、加强法律职业共同体之间横向的人员流动等。

---

① 吴云：《通往正义之路：从教科书模式到中国司法改革的探索》，法律出版社2011年版，第32～37页。

四、执业规则

为确保司法公正，司法机构和司法官必须遵守一定的执业规则，其中首当其冲的是正当程序规则，其次还包括司法官个人社会生活中应遵守的规则，概而言之有：(1) 不得从事有损司法独立的活动和兼职，尤其是从事商业活动及兼职等。(2) 保守秘密。不得公开讨论、评判案件。(3) 勤勉尽责。严格遵守司法程序，依法、亲自履行职权，依证据依法内心自证。(4) 清正廉明。实际可以建立统一、更为具体详尽的司法官职业与行为规则。

五、监督与惩戒规则

司法必须接受监督，我国法律对此也作出了相对较为完备的规定，但其关键在于监督与保障司法独立之间的协调。原则上，应该建立明确、规范的内部和外部司法监督机制。一方面，非经法定机构和程序，司法官存在法定情形下，不得免除司法官职务、调整职级，以为司法的公正性提供必要保障；另一方面，应当对司法官建立考核评估制度，但考核评估的重点应该是对职业操守的认定，应弱化对业务能力（如错判率、上诉率、调解率、案件数量等）和业务正确的考核——业务能力应该通过进修、岗位调整等方式解决，弱化或取消各类评比、评优——评比、评优实际是一种隐形的引导和司法干涉。

因为司法是维护社会正义的最后一道屏障，为此，社会赋予其极大的权威和物质保障；一旦司法偏离其使命，整个社会将付出沉重的代价，甚至陷入无以复加的混乱。因此，对司法的惩戒必然是极其审慎和严厉的，包括终身禁止从事法律职业和担任公职、大幅削减或者取消福利待遇等。

第四章
法官伦理规范

美国当代法学家德沃金说，在法律帝国里，法院是法律帝国的首都，法官是帝国的王侯。在宪政国家，法官不但发挥着维持社会秩序的作用，也肩负着维护人权的任务。司法是保护公民权益、维护社会正义的最后一道防线，因而司法裁断公正与否直接关系到社会正义的实现，也影响着社会民众对法律的信赖。法官被赋予了如此重大的责任，其履职的职业技能和职业伦理与上述目标的实现休戚相关。关于法官职业技能的问题，随着法官人员逐步专业化（在教育背景、任职要求以及法官在职轮训等制度方面的整体提升），较之前已有大幅进步。与此相比，法官职业伦理则显得乏善可陈，多年来一直处于不温不火的状态，虽然也有学者为其疾呼，认为法官职业伦理必须跟上时代步伐与时俱进，发挥其应有的作用，但实务中，仍存在重视不足、僵化刻板的问题。

第一节　法官伦理规范的基本内容

司法的创设标志着人类的巨大进步。法院的基本目标在于定纷止争，它着眼于具体纠纷的公正解决、具体案件的公正裁判、向大众提供令其满意的司法服务；最高目标则是促进社会公平正义、为人类社会带来幸福与和谐。司法是社会正义的最后一道防线，其重要性不言而喻。伦理学是研究道德发生、发展及其一般规律的学问。无论是伦理还是道德都存在于人的主观意识之中，体现的是人类精神的自律，即通过人们的内心自觉来达到约束其外部行为的目的，因而是一种柔性社会行为的规范。与此相反，法律则是一种刚性社会行为规范，体现的是“国家意志的他律”。法国著名伦理学家爱弥尔·涂尔干说过：“任何职业活动都必须得有自己的内部准则。”法官职业作为一种成熟的法律职业，当然也应有自己的职业准则。

一、法官职业伦理的比较法概述

(一) 各国法官职业伦理概览

美国作为联邦制国家，关于法官的选任和晋升问题，联邦法院和州法院各自为政，对于法官任职条件，联邦法院与州法院、各州法院彼此都可能不尽相同。但大体上，硬性的任职条件一般都要求诸如系美国公民、获得法学院学位、经过严格的律师资格考试并从事律师工作若干年等。除此之外，在法官遴选程序上，联邦法院和州法院也存在较大的不同。

同样作为联邦制的德国，隶属大陆法系，对法官的遴选有着更为严苛的准入制度：法官须经两次考试及格后方能取得进修机会，具体程序为参加大学毕业考试合格者经过两年实习期后，才能参加第二次考试，而这第二次考试才是挑选法官的主要依据，其合格率仅为10%，两次考试均由州司法考试委员会组织。结合各州法官缺额和求职即供需情况，由州法官挑选委员会挑选，挑选时要求审查求职者的品行、健康和专业，挑选通过后，才能被任命为法官。不过任命后也不是一劳永逸，新任命法官有长达3~5年的试用期，试用期间，随时可能因表现不好被解雇、开除；只有顺利通过漫长的试用期后，才算成为正式的法官。

在老牌普通法系的英国，法官制度源远流长。在漫长的发展历程中，英国得以建立在全世界而言都堪称完备的法官选任制度体系，对资历、经验、业绩、人品方面均有着严苛要求。英国法官实行的是委任制，系从律师中产生，奉行法官高薪制和法官终身制。不过，高收益必定有高门槛，英国法官的职业标准之苛刻同样让人心生敬畏，除治安法官外，所有的英国法官必须是来自全国四个法学会的律师，此外，担任不同级别的法官还需满足某些特别条件。例如，担任高等法院的法官须有10年以上出庭律师履历。英国法官职业的精英化，从选任制度的苛刻中可见一斑，成为一名法官有漫长的竞争之路，而最终胜出者必是其中的佼佼者。

法国奉行的也是法官精英制。同样的，对法官的选任亦有严苛的遴选程序。法国司法实行双轨制，普通法院体制之外还运行着一个独立的行政法院系统。

除行政法院法官外，法官都必须是国家法官学院的毕业生，具体程序是先通过大学法律专业考试，得到法学学士学位（这也是将来步入法官行列的必备条件），在接受基础理论教育合格后，有志成为法官的人员将被送往国家法官学院，在那里接受法官职业培训，经过三年严格专业学习和职业训练后，结业时仍面临大考。只有通过严格审查后的合格者方可能被推荐到国家高等司法委员会。国家高等司法委员会将从毕业生中提出拟任命法官名单，经司法部部长、总理、总统逐级签字后，这些佼佼者才会最终出现在政府发布的公报中，得到正式法官任命。辛苦的回报之一是法国的法官亦实行终身制。

（二）法官职业伦理的国际化标准

联合国先后于 1985 年、1989 年通过《关于司法机关独立的基本原则》《〈关于司法机关独立的基本原则〉的有效执行程序》，对法官职业化及司法独立的国际标准进行了指引性规定。其中，关于法官职业化问题则主要从法官任职资格、法官薪俸、法官任期、法官晋升及法官惩戒等方面予以了指引。在法官资格问题上，要求担任法官必须具备一定的法律专业知识、受过职业化法律训练；品德良好，为人正直；有较强处理实务的能力与实践经验。以上标准实际上是从专业技能、道德伦理、实践能力三个层面对法官的任职条件提出了要求。关于法官任期规定则旨在保证任期，也即保证非经本人同意或经法定程序，不得任意缩短法官任期或作出对其不利的变更。法官职业的特殊性需要其任职具有相对的稳定性和连续性，任期太短不利于法官职能的履行。至于法官薪俸的问题，物质决定意识，如果要实现司法裁判的独立，就必须首先保障法官的个人收入，不得随意削减法官的薪俸。此外，司法独立要求的法官超然地位还需延伸至法官的退休待遇问题。上述文件规定："法官的薪金和退休金……与他的地位、尊严和职务责任相适应，同时还应随物价的增长而加以适当的调整""法官的薪俸在其任职期间不得降低，除非这种降低构成了整个公共经济措施的内在组成部分"，也正是基于此观点，奉行法官职业的高薪养廉政策也获得了越来越多的认同。关于法官的惩戒，"对法官作为司法和专业人员提出的指控或控诉应按照适当的程序迅速而公平地处理。法官应有权利获得公正申诉的机会。在最初阶段所进行的调查应当保密，除非法官要求不予保密""一切纪律处分、停职或撤职程序均应根据业已确立的司法人员行为标准予以执行""有关纪律处员总计13人，震惊中国司法界；2006年，该院继任院长周文轩因贪污“落马”案，媒体和社会用“前腐后继”来形容，以表达对司法领域腐败的不满。[①]然而，司法领域的种种“毒瘤”并未就此得到根治。2008年，最高人民法院副院长黄松有因贪污受贿“落马”，引发全社会巨大关注，黄松有最终于2010年被判处无期徒刑[②]；2015年，同为最高人民法院副院长的奚晓明因受贿罪被查处，于2017年被判处无期徒刑，再次引发“地震”[③]。

与此同时，一系列重大冤假错案的出现，更加剧了社会对司法及司法公正性的质疑。从赵作海[④]、佘祥林[⑤]杀人案死者复活到聂树斌[⑥]、胡格吉勒图[⑦]等杀人案真凶落网，无一不触痛着社会大众的神经——本应惩恶扬善、匡扶正义的司法怎么就让一身清白的人蒙冤数载，甚至丧失生命？司法公正、正义是否还可以继续期许？对此，以西方司法体制为蓝本的“药方”再次被提出来，然而，这剂西药真能奏效吗？其实不然。

由于现代法治从理念到概念、制度设计等均肇始于西方之工业革命和文艺复兴，依法治国及相关制度作为源于西方的契约理论，根植于议会民主和三权

---

① 2002年，武汉市中级人民法院副院长柯昌信、胡昌尤等十余名法官因受贿罪被判刑；2006年，继任院长周文轩等多余名法官重蹈覆辙，引发全国震动。详见《武汉中院窝案十数年后政法官员再现塌方式腐败》，中国法学研究会之中国廉政法制研究会反腐资讯网，http：//www. cacsfw. com/content/？3258. html。

② 黄有松，最高人民法院前副院长、审判委员会委员，历任广东省高级人民法院审判员、庭长、广东省湛江市中级人民法院院长、党组书记，2012年因受贿罪、贪污罪被判处无期徒刑，剥夺政治权利终身，没收个人全部财产。详见《黄松有终审仍判无期》，人民网，2010年3月17日，http：//legal. people. com. cn/GB/13447942. html。

③ 《最高人民法院原副院长奚晓明受贿案一审宣判》，中国共产党新闻网，http：//fanfu. people. com. cn/n1/2017/0217/c64371－29087049. html，转自《人民日报》2017年2月17日第6版。

④ 1998年2月，赵作海因涉嫌故杀人犯罪被采取刑事强制措施；2003年，被河南省商丘市中级人民法院以故意杀人罪判决死刑、缓期二年执行、剥夺政治权利终身；2010年4月，该案受害人“死而复生”，2010年5月，赵作海被无罪释放，至此，赵作海服刑约12年。经查，本案因刑讯逼供导致错判。详见《河南省高级人民法院宣告赵作海无罪释放》，人民网，http：//unn. people. com. cn/GB/185451/191783/11701766. html，转自2010年5月9日中国法院网。

⑤ 1994年1月，佘祥林因涉嫌杀害其妻，屈打成招，于1998年被湖北省京山县人民法院以故意杀人罪判处有期徒刑15年；2005年3月，其妻突然回家，佘祥林11年后方得以大白于天下；2005年4月13日，佘祥林被京山县人民法院宣告无罪释放。详见《佘祥林冤案责任人应受追究》，人民网，2005年4月15日，http：//society. people. com. cn/GB/1063/3323137. html；《新京报：佘祥林需要心理干预》，人民网，2005年4月19日，http：//www. people. com. cn/GB/news/37454/37461/3332389. html。

⑥ 1994年8月5日，河北石家庄市发生一起凶杀案，1995年4月，聂树斌被以故意杀人罪、强奸妇女罪判处死刑并被执行死刑。2013年，真凶落网，2014年12月，最高人民法院提审该案，宣判聂树斌无罪，至此，聂树斌已被执行死刑21年。详见《网友评聂树斌案平反：依法治国的重要一步》，载于《人民日报海外版》2016年12月9日第9版，http：//paper. people. com. cn/rmrbhwb/html/2016－12/09/content_1734321. htm。

⑦ 1996年4月9日，呼格吉勒图被认定为一起强奸杀人案凶手，因刑讯逼供于同年5月被判处死刑立即执行、剥夺政治权利终身，呼格吉勒图上诉被驳回，同年6月被执行死刑。2005年10月，真凶落网；2014年12月15日再审，被内蒙古高级人民法院宣告无罪。详见《内蒙古呼格吉勒图案公布再审结果》，人民网，http：//legal. people. com. cn/GB/51654/363283/391410/。

分立制度，以个人为本位，强调的是以契约和法律为基础的所谓理性伦理。尽管这种理论背后的价值观具有一定的普世价值，但也并非放之四海而皆准，各民族及国家必须探索基于各自文化传统及文明的法治及司法理论实践路线，否则就容易引发冲突，对此，塞缪尔·亨廷顿在其《文明的冲突与世界秩序的重建》中有极为深刻的论述。

对我国而言，中华文化及文明一贯崇尚天地人三道合一和家国一体的集体主义，主张以德治国，强调的是天道人伦的德行理论。在中国农耕社会延续数千年之后的近代，中华的斧矛刀叉在坚船利炮面前一溃千里，泱泱大国人人可欺，民族自信跌入万丈深渊，渐由器不如人，进而自认制不如人、文化不如人，甚至引发弃汉字而用拉丁文、弃六谷而食牛羊的主张，虽然这些主张被事实证明为荒谬不经，但现实中，食洋不化的现象依然时常可见，只不过改换门庭罢了；因此，要建立我们自己的法治及司法伦理规范体系，必须首先从自身的文化传统中找回失去的道路自信、理论自信、制度自信、文化自信。

事实上，中国并不缺少法治精神[①]，而且，司法思想及制度相当发达和完备，只是这些思想和制度对治权（皇权）的约束力极其薄弱，而权力制约又恰恰是现代法治的核心和要义所在；即便如此，在笔者看来，建设中国特色社会主义法治社会，在法治思想及司法层面，传统的东西依然值得大力挖掘并加以传承，而在权力制约方面则需着力借鉴导入其他民族或国家好的实践经验。

以习近平同志为核心的党中央对意识形态、社会核心价值观及法治建设等上层建筑进行了改革和顶层设计，确立了依法治国是建设社会主义和谐社会的基本目标，也是社会主义和谐社会的基本特征，进而作出了“让每一个公民在个案中感受到公正”的庄严承诺，而且依法治国的根基是坚持党的领导和社会主义道路；因此，法治及司法公正的核心问题及其根源不在法治本身，而在于重塑法治信仰。故而，本书将力图在梳理中西方司法伦理规范渊源、结构和实践的基础上，重建基于中华文明和当前中国现实的司法理论规范，服务于中国法治建设，服务于民族的伟大复兴——我们有这样的文化根基和自信，这就是本书的使命和时代意义。

---

① 罗昶：《伦理司法——中国古代司法的观念与制度》，法律出版社 2009 年版。

二、司法伦理规范研究的意义

司法是依法治国的重要环节，司法公正是依法治国的必然要求和当然成果。加强司法伦理研究和建设，完善并建设基于中华文化传统及当前中国基本国情的司法伦理及规范，使社会主义核心价值观成为司法伦理的核心，明确和建立司法意识、司法规则、司法行为之善恶、公正标准和信仰，进而创造以外部法律为强力制度保障（他律）和以内在道德为自在与舆论约束（自律）的双重磁场，对于实现依法治国及民族伟大复兴具有重要而深远的意义。

第一，司法伦理规范研究与建构为司法公正提供基本价值观和道德评判标准。法律的价值宏观上是维护社会良好的秩序，微观层面则是济弱扶倾、匡扶正义。然而，正如“横看成岭侧成峰，远近高低各不同”，抑或“一千个人心中有一千个哈姆雷特”，所谓正义亦是如此。现实中，个案各不相同，甚至千差万别，兼之法律自身的局限性（如难以万全、滞后性、依赖证据等）及司法官的个体差异（如对法律理解、个人经历、价值取向的不同等），均难以确保司法正义在现实中的完美实现。

但司法伦理规范可以明确、规范和统一司法矫正正义实现过程，通过司法伦理对司法机构和司法官内心善的引导，建立对司法之善的信仰，加以司法伦理规范对司法机关及司法官行为的规制，以确保法律能被正确理解并毫无偏私地适用，从而确保司法公正的实现及司法公正向矫正正义的无限靠近。

另外，司法伦理规范，犹如一个模具、一把尺子，不仅规范着司法机构及司法官的行为，同时，人们和社会也可以通过司法机构及司法官对司法伦理规范的遵守情况来评判司法机构及司法官行为的正当性。如此，通过司法伦理及规范的内在信念和自律、外在约束，确保司法公正的实现，丈量和评价司法对矫正正义的实现程度。

第二，司法伦理规范研究及建构有利于遏制司法流弊。司法腐败、专刑、对权利的怠慢及对权力的追随是当前国际或国内最显著的流弊之一，小则导致当事人财产损失，大则可能致使人身自由、生命无以弥补的巨大伤害，甚至巨大的社会和争执动荡。前者如黄有松[①]、武汉市中级人民法院“窝案”背后的利益勾兑，后有聂树斌案、呼格吉勒图案、浙江张氏叔侄案等。司法伦理规范的研究及重建，有利于在社会制度及个体、社群心理层面建立一套司法行为的道德规则和善恶标准，从而在制度和主观动机上建立强大防护网，让司法行为运行于阳光之下，使司法机构、司法官不敢腐败、不能腐败、不想腐败。

第三，司法伦理规范研究及建构能够保障司法公正的普遍性。司法维护的是最低的社会道德，是维护社会良好秩序和正义的最后一道防线。但由于法律和司法本身的局限性，如不可穷尽性、滞后性、被动性等，及现实社会活动和矛盾的繁杂性，法律并不总能提供现成或有效的解决方案，这需要司法机构及司法官根据法律和司法基本原则与要旨，发挥主观能动性，根据客观事实，实现个案正义。为此，司法机关及司法官必须具备司法所特有的价值观及道德伦理，确保法律得到公正的诠释，自由裁量权尺度得以统一适用，做到法网恢恢，疏而不漏。

第四，司法伦理规范的研究和建构有利于司法权威的树立和维护。司法权威取决于司法的独立地位和司法得到普遍的尊重，前者是国家层面体制和政治制度安排，属于顶层设计问题，对此，我国宪法已有明文规定，在此不论；后者则取决于司法本身，通过公正的司法取信于民，进而获得支持、承认、尊重和权威，这一点可以从美国司法发展史中得以例证。在美国建国初期，议会享有立法权，总统和政府享有强大的行政权并掌握军队，而司法部门什么也没有，是最孱弱的；但美国法院硬是通过一系列重大案件中的判决，如马伯里诉麦迪逊案、梅里曼诉讼案和米利根诉讼案等，奠定了得以制衡议会、政府的地位及至高权威。从中可见，司法的权威从来不是靠权力获得的，而是靠司法机关、司法官对法律、正义的信仰和不懈追求，通过一个个个案树立起来的。

第五，司法伦理规范研究与构建有利于实现法治及社会正义。司法公正是法治的重要内涵和体现，是实现社会正义的重要保障。一方面，司法伦理规范研究与构建，可以促进司法制度的进一步完善，确保制度的公正性，这是实现

① 黄有松，最高人民法院前副院长，审判委员会委员，历任广东省高级人民法院审判员、庭长，广东省湛江市中级人民法院院长、党组书记，2012 年因受贿罪、贪污罪被判处无期徒刑，剥夺政治权利终身，没收个人全部财产。

法律和社会争议的基础和前提，如回避制度、公开制度、独立保障制度等。另一方面，司法伦理规范对司法官行为（包括职务行为和非职务行为）的规制，则进一步将司法官对司法价值可能的悖理套上“龙套”；更为重要的是，通过司法伦理及修养的提升，则从人内心的善恶、公正出发，自发、自律地培养对法律和正义的信仰与追求。

第二章
司法伦理规范之流变

从古埃及和古希伯来的神灵审判，到现代英美法系和大陆法系各具特色的司法体系，从先秦法家的“缘法而治”，到如今中国“全面依法治国”，人类走过了从蛮荒向文明发展的漫长道路，司法同样走出了从原始自发到现代理性的深刻足迹，而贯穿整个司法进程的、体现司法精神的司法伦理规范，同样随着时代的变化而以不同的面貌展现于世人面前，既是司法实践的集中体现，又散发着每一个时代司法的灵魂气息。

第一节　我国古代司法伦理规范

一、中国古代司法伦理规范的概述

我国古代有着非常丰富的解决纠纷的方式和制度。然而，将“司法”作为一个词来使用是很少见的。古代汉语中，“司”作为动词，一般有以下几种含义：（1）掌握，处理。东汉·许慎《说文》中有“臣司事于外”，《广雅》也有“司，臣也”的表述。中国古代有“司籍”（管理书籍）、“司掌”（掌管、管理、管理的人）、“司方”（掌管一方，古代称南车）、“司衡”（主管、主宰）、“司勋”（主管功赏之事）、“司卫”（负责保卫）等职位。（2）承担。明朝刘若愚《酌中志》提道：“实为人朴素无文，推听掌家樊得和孙升等为提掇，众享其利，而实司其名。”（3）通“伺”，侦察，观察。《墨子·号令》载：“为人下者，常司上之，随而行。”《荀子·王霸》载：“日欲司间而相与投藉之。”《山海经·大荒西经》载：“以司日月之长短。”① 其做名词时，有“官吏，方面之长”的意思。如诸葛亮《出师表》载：“若有作奸犯科及为忠善者，宜付有司论其刑赏，以昭陛下平明之理。”② 唐代·魏征《谏太宗十思疏》载：“何必劳神苦思，

① 北京爱如生数字化技术研究中心：《中国基本古籍库·墨子》，黄山书社，第94页。
② 北京爱如生数字化技术研究中心：《中国基本古籍库·三国志》，黄山书社，第581页。

代百司之职役哉!”[①] 有时，“司”也成为官署的名称，如明朝设置的通政使司、布政使司等。可见，中国古代解决纠纷的活动主要不是用“司”来表示。

在中国古代，“司法”为官名，两汉有决曹、贼曹掾，主刑罚。唐制在府一级叫法曹参军，在州一级叫司法参军。宋朝沿袭唐制，诸州设置司法参军，至元代废除。又作为星官名。清恽敬所作《文昌宫碑阴录》载:“《晋书·天文志》‘文昌六星在北斗魁前，天之六府也。四曰司禄、司中、司隶赏功进。’与《天官书》‘四曰司命、五曰司中、六曰司禄’不同。《星经》又曰‘六曰司法’。”[②] 可见，中国古代的“司法”与现代含义天差地别。

中国古代并没有现代意义上的独立的司法权，清朝末年进行“变法”时，引进西方法律文化之后才有司法权一说。至中华民国成立，国民大会代表主权，其下实行立法、行政、司法、考试、监察“五权分治”，由司法院行使审判权。行政院内设司法行政部，作为主管司法行政事务的机关。新中国成立后，形成了人民代表大会产生的“一府两院”格局，法院和检察机关为我国的司法机关，法院行使审判权，检察机关行使检察权，履行法律监督职能。中国特色社会主义进入新时代后，进行了监察体制改革，由监察机关履行国家监察职能，但法院和检察机关作为司法机关的性质和履行的职能没有变化。

尽管如此，作为解决纠纷的手段，“司法”行为在我国古代却是源远流长。即以审判而言，“审”包含了纠纷解决、案件处理方面的意思。《荀子·非相》载:“审，谓详观其道也。”[③] 《吕氏春秋·察传》载:“闻而审，则为福矣。”[④] 《吕氏春秋·察今》载:“故审堂下之阴，而知日月之行，阴阳之变。”[⑤] 南朝梁代丘迟所作《与陈伯之书》载:“直以不能内审诸己，外受流言，沉迷猖獗，以至于此。”明朝黄道周所著《节寰袁公传》言:“公（袁可立）疑之，移文东江审其颠末。”清代方苞的《狱中杂记》载:“余经秋审，皆减等发配。”[⑥] 由此可见，“审”在我国古代就包含了“审核”“反复分析”“推究”“审查”等与审理、讯问案件有关的词义。

“判”之一词，古代大致有两个方面的意思:（1）婚姻、偶合。《周礼·媒

① 北京爱如生数字化技术研究中心:《中国基本古籍库·贞观政要》，黄山书社，第6页。
② 北京爱如生数字化技术研究中心:《中国基本古籍库·清经世文续编》，黄山书社，第1161～1162页。
③ 北京爱如生数字化技术研究中心:《中国基本古籍库·荀子》，黄山书社，第28页。
④ 北京爱如生数字化技术研究中心:《中国基本古籍库·吕氏春秋》，黄山书社，第196页。
⑤ 北京爱如生数字化技术研究中心:《中国基本古籍库·吕氏春秋》，黄山书社，第121页。
⑥ 北京爱如生数字化技术研究中心:《中国基本古籍库·望溪集》，黄山书社，第378页。

氏》言："掌万民之判。"① （2）判断、区分、判决。《说文》载："判，分也。"唐代柳宗元的《段太尉逸事状》载："太尉判状辞甚巽（恭顺）。"② 《宋书·孔觊传》载："使酒付气，虽醉日居多，而明晓政事，醒时判决，未尝有壅。"③ 可见"判"的含义，是从一般的判别、裁断，逐步演变发展为某种特定的行政、司法行为。《文通》中这样表述："字书云：判，断也。古者折狱，以五声听讼，置之于刑而已。秦人以吏为师，事尚刑法。汉承其后，虽儒吏并进，然断狱必贵引经，尚有先王仪制，春秋诛意之微旨，共后乃有判词。唐制选士，判居其一，则其用弥重矣。"④ 行政、司法意义上的"判"起于何时，历史上没有明确记载，迄今尚无定论。但从社会发展历史考虑，当人类脱离原始状态，形成有组织的社会及至国家之日起，因日常解决纠纷决断的需要，"判"即应当出现。

明、清开始，"审判"一词出现。如清代刘献廷的《广阳杂记》卷二记载："萧山县人来度，官滇中。尝睡去，于冥中列坐，审判世间事，亦有千古未结之案。"⑤

中国古代，与司法、审判活动相关的还有"诉""讼"两个词。《说文》中称，"诉，告也"，"讼，争也"。诉，是告诉、告发、控告之意；讼，是争论、争辩之意。"诉""讼"结合在一起，就是一方控告，一方辩护，在司法、审判机关的主持下，互相争辩，解决问题，判断是非曲直。诉讼就是原告对被告提起告诉，由裁判机关解决双方争议。通论认为，我国法律上最早使用"诉讼"一词的是元代《大元通制》，其第13篇为"诉讼"，但其内容与现代意义上的诉讼不完全相同。

二、中国古代司法伦理的内容

纵观我国历史，大多数历史阶段既没有独立的司法权——因为大多数时候司法权是与行政权合而为一的——当然也没有专门的司法伦理规范，其司法伦

① 北京爱如生数字化技术研究中心：《中国基本古籍库·周礼》，黄山书社，第68页。
② 北京爱如生数字化技术研究中心：《中国基本古籍库·河东先生集》，黄山书社，第81页。
③ 北京爱如生数字化技术研究中心：《中国基本古籍库·宋书》，黄山书社，第968页。
④ 北京爱如生数字化技术研究中心：《中国基本古籍库·文通》，黄山书社，第267页。
⑤ 北京爱如生数字化技术研究中心：《中国基本古籍库·广阳杂记》，黄山书社，第57页。

理有据可查者多体现于法学家或者司法者的有关论述中。梳理这些散见的论述，我们可以发现，中国古代司法伦理主要包括追求公正无私、崇尚严格平等、重视证据作用、君权天授和屈法伸情等几个方面。

（一）追求公正无私

公正，在我国古籍中最早可能出现在《慎子》："故蓍龟所以立公识也，权衡所以立公正也，书契所以立公信也，度量所以立公审也，法制礼集所以立公义也。"① 管仲在《管子·任法》中提出："以法制行之，如天地之无私也。是以官无私论，士无私议，民无私说，皆虚其匈以听于上。上以公正论，以法制断，故任天下而不重也。"②《管子·五辅》中说："为人君者，中正而无私。"③荀子也有"公正无私"的见解。韩非子作为法家的代表人物之一，认为"所谓直者，义必公正，公心不偏党也"。班固在《白虎通德论》中继承了荀子的观点："公之为言，公正无私也。"④ 他们都认为公正应当是与客观、平等、依法相联系，与徇私、偏私、徇人情相对立的。

公平，《辞源》解释为"不偏袒"。《管子·形势解》似最先出现"公平"一词："天公平而无私，故美恶莫不覆；地公平而无私，故小大莫不载。无弃之言，公平而无私，故贤不肖莫不用。故无弃之言者，参伍于天地之无私也。"⑤《战国策·秦策一》也记载："商君治秦，法令至行，公平无私。"⑥《韩诗外传》卷七也有"公平无私"的言论。唐太宗李世民认为"以公平为规矩，以仁义为准绳"⑦，这样才能做到公正。

至于正义，中国古代论述较少。《荀子·儒效》中有"不学问，无正义，以富利为隆，是俗人者也"⑧。此处的"正义"之意与"利"相对。

总体来说，中国古代社会对公正的基本要求是一视同仁，不偏袒、不偏私，在同一情况下，用同一尺度、同一标准，这就是《尚书》中所说的"无偏无陂"

① 北京爱如生数字化技术研究中心：《中国基本古籍库·慎子》，黄山书社，第1页。
② 北京爱如生数字化技术研究中心：《中国基本古籍库·管子》，黄山书社，第163页。
③ 北京爱如生数字化技术研究中心：《中国基本古籍库·管子》，黄山书社，第33页。
④ 北京爱如生数字化技术研究中心：《中国基本古籍库·韩非子》，黄山书社，第47页。
⑤ 北京爱如生数字化技术研究中心：《中国基本古籍库·管子》，黄山书社，第203页。
⑥ 北京爱如生数字化技术研究中心：《中国基本古籍库·战国策注》，黄山书社，第10页。
⑦ 北京爱如生数字化技术研究中心：《中国基本古籍库·贞观政要》，黄山书社，第85页。
⑧ 北京爱如生数字化技术研究中心：《中国基本古籍库·荀子》，黄山书社，第47页。

"无偏无党""无反无侧"。[①] 古人说："柔亦不茹，刚亦不吐，不侮矜寡，不畏强御。"中国古人认为，公正首先来自"公"，"公"含有公正、公共、公平等内容。

中国古人讨论公正，往往是针对执政者、统治者而发，许多言论体现的是对他们的希望与要求，认为公正乃是君主应具有的美德。作为君主或者统治者来说，是否公正不仅意味着个人伦理道德的高下，而且还关系着对政权的评价，也就是说，其不仅具有伦理学的含义，而且在政治学、法学上具有重大意义，公正不仅仅是个人为人处世之道，而且是执政者为政之道、为政之要。

在中国古代社会的学者看来，法律是社会的稳定器，"法者，所以齐天下之功，至公大定之制也法者。故智者不得越法而肆谋，辩者不得越法而肆议，士不得皆法而有名，臣不得背法而有功"。因此公正执法、公正司法非常关键，具有非常重要的意义。他们对公正司法的含义、必要性进行了讨论。中国古代思想家将"去私立公"观贯穿于执法、司法、审判过程中，强调执法公正、司法公正的重要性。

《黄老帛书》认为执法应当"去私而立公""精公无私而赏罚信，所以治也"。[②] 荀子认为公平是执法、审判的标准，"公平者，职之衡也；中和者，听之绳也"[③]。在执法、司法时，实现公正应做到"爱人不私赏也，恶人不私罚也"[④]"不敢以亲戚之恩而废刑罚，不敢以怨仇之忿而废庆赏"[⑤]。慎到也重视公正执法、公正司法。他认为"公"与"私"是对立的，"法"与"私"也是对立的。因此，法律之功在于去"私"，司法应当弃"私"："法之功莫大于使私不行""有法而行私，谓之不法""令立法而行私，是私与法争，其乱甚于无法"。[⑥] 既然有了公正无私的法律，就应当以之作为判断是非功过、罪与非罪的标准；应当一切依法行事，赏罚分明，树立公道，堵塞私门，既不以贫富贵贱论罪刑，也不以君主的好恶为转移，这样就能做到被惩罚的人没有怨恨，被奖赏的人不必对君主感恩戴德，真正实现审判公正、司法公正。所以慎到认为："有权衡者，不可欺以轻重；有尺寸者，不可差以长短；有法度者，不可巧以诈伪"。[⑦]

---

① 北京爱如生数字化技术研究中心：《中国基本古籍库·尚书》，黄山书社，第73页。
② 魏启鹏：《马王堆汉墓帛书》，中华书局2004年版，第25页。
③ 北京爱如生数字化技术研究中心：《中国基本古籍库·荀子》，黄山书社，第52页。
④ 北京爱如生数字化技术研究中心：《中国基本古籍库·管子》，黄山书社，第162页。
⑤ 北京爱如生数字化技术研究中心：《中国基本古籍库·中论》，黄山书社，第28页。
⑥ 北京爱如生数字化技术研究中心：《中国基本古籍库·慎子》，黄山书社，第2~3页。
⑦ 北京爱如生数字化技术研究中心：《中国基本古籍库·慎子》，黄山书社，第4页。

管仲也提出“任法而不任智，任数而不任说，任公而不任私，任大道而不任小物”[①]，司法、审判应当依法进行，不以主观为之推移变易。抱法处势则治，背法去势则乱，以此使法成为唯一客观的为政行事规程，不以纤毫主观意见参与其间。汉代刘向在《说苑·至公》中提倡“不偏不党”：“不偏不党，王道荡荡，言至公也。古有行大公者，帝尧是也，贵为天子，富有天下，得舜而传之，不私于其子孙也……此盖人君之公也。夫以公与天下，其德大矣。推之于此，刑之于彼，万姓之所戴，后世之所则也。彼人臣之公，治官事则不营私家，在公门则不言货利，当公法则礼教无所立；礼教无所立，则刑罚不用情；刑罚不用情，而不从之者，未之有也。夫去私者，所以立公道也，惟公然后可正天下也”[②]。

《吕氏春秋·去私》举了一个墨子弟子的事例：墨者有钜子腹（黄享），居秦，其子杀人，秦惠王曰：“先生之年长矣，非有他子也，寡人已令吏弗诛矣，先生之以此听寡人也。”腹（黄享）对曰：“墨者之法曰：‘杀人者死，伤人者刑。’此所以禁杀伤人也。夫禁杀伤人者，天下之大义也。王虽为之赐，而令吏弗诛，腹（黄享）不可不行墨者之法。”不许惠王，而遂杀之。子，人之所私也。忍所私以行大义，钜子可谓公矣。[③] 这表明在执法、司法时按照标准、按照法律不徇私情为公正。

明代的唐枢从司法、审判实践出发，提出了“处以公心”的司法公正主张，并对此进行了较为系统的阐述。唐枢因在李福达案上书直谏得罪皇帝而结束了短暂的为官生涯，明世宗嘉靖皇帝为此案曾专门颁行《钦明大狱录》一书于天下。唐枢把“至公”看作正确执行法律的前提，指出：“律正条有限，而其变化并八议之设无穷；律六类有限，而名例类所该无穷；凡情昭迹对有限，而一不应为之款无穷。只惟原真而坐其当置之所，则非持至公以烛之，未有不低昂本相，而况以私好恶为先人，能求通肖之哉！”他认为即使贵为天子也不得有所偏私：“律有八议，其议有二意：有贤贵自彼而生，有至情由我而出。贤贵乃天道之公，至情则天理之极，皆无所容其私也。具奏上裁，天子亦不得私之，故曰请议。盖必合诸衙门会议，以成其公。”在他看来，法律条文有限，变化无穷，这就给司法者、审判者以很大的回旋余地。也正因为如此，需要出以公心，才

① 北京爱如生数字化技术研究中心：《中国基本古籍库·管子》，黄山书社，第160页。
② 北京爱如生数字化技术研究中心：《中国基本古籍库·说苑》，黄山书社，第97页。
③ 北京爱如生数字化技术研究中心：《中国基本古籍库·吕氏春秋》，黄山书社，第9页。

不致使法律失平，为私所蔽，才能实现司法公正、审判公平。

具体而言，唐枢从“心”与“术”两个方面来讨论司法公正、审判公正。“心”指思想，“术”是方法。他说：“律列诸条任其人择而配之，故惟明克允可以明罚敕法。盖圣人之用刑，乃好生之德所运。明者昭其生生之术，允者笃其生生之恩。所以皋陶意颛弼教。后世岂惟无是心，并亦无是术。”[①] 他重新解释“惟明克允”，只是为了阐明自己的观点，强调在司法、审判过程中观念比方法更重要。因此，要解决司法中的问题，不能总是局限在技术层面，根本在于端正思想，确立公正的理念。

明朝王守仁也特别强调执法者、司法者应“格物致知”，持心公正，不能因个人喜恶而影响审判：“如问一词讼，不可因其应对无状，起个怒心；不可因他言语圆转，生个喜心；不可恶其嘱托，加意治之；不可因其请求，屈意从之；不可因自己事务烦冗，随意苟且断之；不可因旁人谮毁罗织，随人意思处之。这许多意思皆私。”[②]

《管子·法法》对“法治”下过一个比较完整的定义：“夫生法者，君也；守法者，臣也，法于法者，民也。君臣上下贵贱皆从法，此谓为大治。”[③] 认为法律由君主制定，臣子应当守法，而人民则受法律约束，这种地位不论高低贵贱都遵从法律的现象，就是“法治”。他的思想虽然受到时代的严重制约，但其朴素的法治思想却并非没有可取之处。晋代的刘颂认为：“主者守文”“大臣释滞”“人主权断”，这样“君臣之分，各有所司”，是做到“法一”和执法必严、司法公正的基本条件。

实际上，中国古人所提倡或要求的公正，在今天看来当然是具有明显的相对性和局限性的。当然，苛求古人提出超越阶级与时代的公正、公平是不可能的，即使在今天，我们也无时无刻不受限于所处的历史阶段。在古人看来，人们按自己的等级地位，分所当为，每个人尽自己应尽的义务，取得自己应得的利益，就是公正、公平。因此，我们在将“追求公正无私”作为中国古代司法伦理规范之一的时候，绝不是认为其已经具有现代意义上的司法公正的含义，而是发现其中蕴含的司法伦理内容，并试图挖掘其在今日仍具有借鉴意义的精神内核。

---

① 北京爱如生数字化技术研究中心：《中国基本古籍库·政问录》，黄山书社，第12页。
② 北京爱如生数字化技术研究中心：《中国基本古籍库·理学宗传》，黄山书社，第136页。
③ 北京爱如生数字化技术研究中心：《中国基本古籍库·管子》，黄山书社，第162页。

（二）崇尚严格平等

在强调公正司法的同时，中国古代社会讨论司法、审判首先强调要依法执法、严格执法，“以死守法者，有司也”①，作为进行司法活动的人，司法、审判官吏必须严格执行法律的规定，不掺杂执法者、司法者的个人好恶，不屈服于外来压力，刚正不阿，执法如山，根据法律的规定处理案件、解决纠纷。宋朝的儒家认为，天理是人类社会的一切行为原则与规范，是天地万物包括人类社会存在的根据，法源于理，因此法也具有无可争议的权威性，必须得到严格的遵循。因此，严格执法是我国古代司法伦理的重要内容，是保证公正司法的重要前提。

严格执法要求司法者在法律适用上做到平等执法。“法不阿贵”“信赏必罚”是中国古代公正审判、公正执法的基本要求。司法官吏执法、审判，代表国家的意志，令出必行才能取信于民，作为司法者，要做到平等执法，就要直道而行，不媚从君主，不阿谀权贵，不曲承亲戚。如果屈从上级指示，罔顾事实谄媚上级，就会妨害法律的严肃性、公正性。司法、审判官吏不能以私害公，不能以人情代替法律；不能屈从于权贵，给予权贵在司法方面的特权。

《孔子家语》说：“为政者，不赏私劳，不罚私怨。”② 在司法、执法的过程中，不能徇私情，公器私用，也不能因个人恩怨干扰审判，将个人恩怨看作平等执法、公正审判的大敌。先秦时期的法家代表人物商鞅就提出“壹刑”的主张。他将“壹刑”视为圣人治国的国策之一。“圣人之为国也，一赏，一刑，一教。一赏则兵无敌，一刑则令行，一教则下听上。夫明赏不费，明刑不戮，明教不变，而民知于民务，国无异俗。明赏之犹至于无赏也，明刑之犹至于无刑也，明教之犹至于无教也。”什么是“一刑”？商鞅做了详细的解释：“所谓壹刑者，刑无等级，自卿相、将军以至大夫、庶人，有不从王令、犯国禁、乱上制者，罪死不赦。有功于前，有败于后，不为损刑。有善于前，有过于后，不为亏法。忠臣孝子有过，必以其数断。守法守职之吏有不行王法者，罪死不赦，刑及三族。周官之人，知而讦之上者，自免于罪，无贵贱，尸袭其官长之官爵田禄。故曰：重刑，连其罪，则民不敢试。民不敢试，故无刑也。夫先王之禁，

① 北京爱如生数字化技术研究中心：《中国基本古籍库·慎子》，黄山书社，第3页。
② 北京爱如生数字化技术研究中心：《中国基本古籍库·孔子家语》，黄山书社，第84页。

刺杀，断人之足，黥人之面，非求伤民也，以禁奸止过也。故禁奸止过，莫若重刑。刑重而必得，则民不敢试，故国无刑民。国无刑民，故曰：明刑不戮。晋文公将欲明刑以亲百姓，于是合诸卿大夫于侍千宫，颠颉后至，吏请其罪，君曰：'用事焉。'吏遂断颠颉之脊以殉。晋国之士，稽焉皆惧，曰：'颠颉之有宠也，断以殉，况于我乎！'举兵伐曹、五鹿，及反郑之埤，东徵之亩，胜荆人于城濮。三军之士，止之如斩足，行之如流水。三军之士，无敢犯禁者。故一假道重轻于颠颉之脊，而晋国治。昔者，周公旦杀管叔、流霍叔，曰：'犯禁者也。'天下众皆曰：'亲昆弟有过，不违，而况疏远乎！'故天下知用刀锯于周庭，而海内治，故曰：明刑之犹至于无刑也。"[①] 他主张，在司法过程中要严格执行法律，法律面前人人平等，不因为身份地位、以前功过是非而有所偏颇，严明刑罚并贯彻到底，就可以达到不用刑罚的程度。

和商鞅的意见相通的是，韩非子也认为严格执法、平等赏罚是贯彻法令、实现公正的关键。他强调要使赏罚必信，必须注意公平，不分亲疏贵贱，一律依法施行赏罚。"诚有功，则虽疏贱必赏；诚有过，则虽近爱诛"[②]；"不避尊贵，不就卑贱"，"法之所加，智者弗能辞，勇者弗敢争。刑过不避大臣，赏善不遗匹夫"。这就叫"法不阿贵"，"以法治国，举措而已矣！"[③]

汉代的晁错认为，无论赏罚，必须严格按法律办事，无论是行赏还是行罚，都应以法律为准。遂提出"奉法令不容私"，"其行赏也，非虚民财妄与人也，以劝天下之忠孝而明其功也"；"其行罚也，非以忿怒妄诛而从暴心也，以禁天下不忠不孝而害国者也"。[④]

隋朝在开皇前期曾依据《开皇律》惩办了一批权贵，即使是朝廷大员犯法也绝不宽待。例如，杨坚对苏威曾极为敬重，曾经采纳了苏威很多建议，并任命他为宰相。然而，当苏威用不正当手段让自己的堂兄弟苏彻、苏肃等人作假当官后，杨坚立即免去了苏威所有的官职，并有一百多名知名人士因受苏威牵连而获罪。就算是自己的儿子秦王杨俊违反礼制，制造豪华宫殿，杨坚也依律免去了儿子的官职。当时杨素等大臣替他的儿子求情，他也没有接受他们的意见。

唐代李世民及其大臣关于执法平等、执法不畏权贵的言论和事例也较多。

① 北京爱如生数字化技术研究中心：《中国基本古籍库·商子》，黄山书社，第18页。
② 北京爱如生数字化技术研究中心：《中国基本古籍库·韩非子》，黄山书社，第8页。
③ 北京爱如生数字化技术研究中心：《中国基本古籍库·韩非子》，黄山书社，第11页。
④ 北京爱如生数字化技术研究中心：《中国基本古籍库·汉书》，黄山书社，第758页。

例如，贞观二年（公元628年），李世民和房玄龄等讨论公平执法、公正司法问题时，赞扬诸葛亮“尽忠益时者，虽仇必赏；犯法怠慢者，虽亲必罚”[①]。他要求房玄龄等学习诸葛亮做一位贤相。后来，他还要求执法官吏“按举不法，震肃权豪”，不畏权贵，公平执法。魏征认为：“夫刑赏之本，在乎劝善而惩恶，帝王之所以与天下为画一，不以贵贱亲疏而轻重者也。”[②] 当时，也确实出现了一批严格执法不怕权贵的司法官吏。

此外，李世民还很注意克制自己的感情，带头守法，对严格执法的官员也放手鼓励任用。例如，贞观元年，李世民急召长孙无忌入宫议事。长孙无忌因走得匆忙，竟忘了解下佩刀，就径直进入太极殿左边的东上阁。唐律规定，任何人不得持武器进入上阁，违者斩首。长孙无忌为唐王朝的建立、李世民的登基都出过力，功勋赫赫，他的妹妹又被太宗立为皇后，负责检校宫禁出入的监门校尉见了这位勋臣国戚，连忙施礼，也没有注意他挂着腰刀，就让他进了东上阁。事后，尚书右仆射封德彝评断说：“长孙无忌带刀误入东上阁，处以赎刑；监门校尉失职未察，罪该处死。”大理寺少卿戴胄质问道：“监门校尉与长孙无忌犯的是同样的罪行，为什么长孙无忌可以纳铜赎罪，监门校尉却一定要被处死？”封德彝答道：“长孙无忌为国家立有大功，又是误犯，理应从宽量刑；监门校尉是严重失职，怎能不从重处罚？”戴胄驳斥道：“作为臣子，冒犯了君父，怎能推说是过失、误犯呢？《大唐律》明确规定：‘供应皇上的汤药、饮食、车船等，失误而不如法定标准的，一律处以死刑。’若顾念长孙无忌的功劳，赦免他的罪过，这也未尝不可。但是如果只罚长孙无忌赎铜，却处死校尉，这是既不能服人，也不符合刑律的。”唐太宗见二人争论不休，传旨道：“法律是天下共同遵守的，朕怎么能徇法袒护自己的亲戚呢？你们重新审议一个恰当的处置意见吧。”封德彝固执己见，口若悬河，唐太宗将要照他的话批准执行了，戴胄又抗争说：“监门校尉是因为长孙无忌才犯罪的，依法应当从轻处置。如果都属于过失误犯，也不应当只处校尉一人死刑。”监门校尉终于与长孙无忌一样，被判以赎铜。

又如，李世民统治时期，有一次朝廷大开选举之途，要各地推荐德才兼备的人到京城再行选拔，量才授职。当时，父辈祖辈为国家建有功勋，或充任高

---

① 北京爱如生数字化技术研究中心：《中国基本古籍库·大观录》，黄山书社，第277页。
② 北京爱如生数字化技术研究中心：《中国基本古籍库·贞观政要》，黄山书社，第197页。

职、有一定声望者，其子孙可以获得一些优待，这叫“资荫”。于是有人便假冒“资荫”，企图从中得到好处。唐太宗发现这一情况后，非常恼火，传下诏书说：“但凡假冒资荫而入选者，赶快自首；否则一经发现，立即处死!”没过多久，又有人假冒的行为被揭发出来。唐太宗当即将此人交给戴胄，要戴胄将其处死。戴胄却上奏道：“根据法律，此人只该判处流放。”太宗很不高兴地说：“朕早已宣布过，凡是假冒资荫而不自首者，要处以死刑，你却只判他流放罪，这不是在向普天之下宣示朕言而无信吗?”戴胄答道：“陛下如果当场就把他杀了，臣也来不及阻拦。既然已把他交给了司法部门，臣身为执法官，就不敢不依法办事。”太宗质问道：“你要当一个严明的法官，难道就让朕失信于天下吗?”戴胄解释说：“法律是经过国家充分酝酿，才制定而公布于天下，要求民众长久信仰和遵循的，这是大信大义；言语则往往受当事人喜怒心情的影响。陛下因一时激忿，说是要将假冒者处死；事后心平气和了，知道不能以言代法，又将其交给司法部门依法量刑。这正说明了陛下能够忍住一时的私忿，而维护天下的公法啊，这不是失了小信义而保存了大信义吗？如果为了不失小信而一定要杀掉此人，不惜破坏国法这个大信，臣私下里很为陛下惋惜。”太宗连连点头，赞道：“是朕错了。爱卿能够严格依法办事，朕还有什么可担忧的。这个人就照你的意见处置吧。”戴胄多次反驳过唐太宗，太宗都听从了他的处理意见。①

正是由于李世民注重“法治”，严格执法，带头守法，司法官吏也能依法平等进行审判等，才奠定了“贞观之治”的法治基础。李世民接过先秦法家的主张，以刑赏二柄统治天下，特别强调赏罚“以公平为规矩，以仁义为准绳”②，也就是将法家和儒家的思想有机结合，以儒家思想为帅，以法家思想为将，呈现出独特的大唐风韵。

宋代的王安石提出：“大臣、贵戚、左右、近习，莫敢强横犯法，其自重慎或甚于闾巷之人，此刑平而公之效也。”③ 王安石认为司法官员在审判中必须遵守法律，他说：“有司议罪，惟当守法。情理轻重，则敕许奏裁。若有司辄得舍法以论罪，则法乱天下，人无所措手足矣。”④ 在王安石看来，要做到“刑平而公”，关键要敢碰“硬钉子”、以儆效尤：“大臣、贵戚、左右、近习，莫敢强横

① 北京爱如生数字化技术研究中心：《中国基本古籍库·旧唐书》，黄山书社，第1255页。
② 北京爱如生数字化技术研究中心：《中国基本古籍库·贞观政要》，黄山书社，第85页。
③ 北京爱如生数字化技术研究中心：《中国基本古籍库·临川集》，黄山书社，第223页。
④ 北京爱如生数字化技术研究中心：《中国基本古籍库·文献统通考》，黄山书社，第3021页。

犯法，其自重慎或甚于闾巷之人，此刑平而公之效也。”他还主张运用监察手段抑制权贵，使“大臣、贵戚、左右、近习莫能大擅威福、广私货赂，一有奸慝，随辄上闻，贪邪横猾，虽或见用，未尝得久”。用法律手段让权贵像普通百姓一样循守法令，这就是“刑平而公”。

明代的王守仁从他的“心学”出发，认为执法、司法也必须格物致知，必须致良知。比如他认为司法官吏在审判案件时，“问一词讼，不可因其应对无状起个怒心；不可因他言语圆转生个喜心；不可恶其嘱托，加意治之；不可因其请求，屈意从之；不可因自己事务烦冗，随意苟且断之；不可因旁人谮毁罗织，随人意思处之。这许多意思皆私、只尔自知。须精细省察克治”[①]。因此，只要去了物欲，致了良知，事实真相自然能够查明，法律的执行便公正、合情合理。所以用明镜般的心去体认、司法，则事无不明，判无不公。他还主张速赏速罚：“古者赏不逾时，罚不后事。过时而赏，与无赏同；后事而罚，与不罚同。况过时而不赏，后事而不罚，其何以齐众心鼓舞士气。”[②] 为了取得赏罚大权，他甚至奏明皇帝，说明一旦能够得到赏罚重权，能够便宜从事，他就能按照心意行动，而事情也能够成功。为提高军队的战斗力、防止人民的进一步反抗，他严令部下只要有擅自动地方一草一木的，都要依照军令斩首示众。

明代的法律制度同样贯彻了平等执法、严格执法的原则。《大明律》制定时，专设有“故禁故勘平人”条款，对法外用刑的行为予以严惩；设“讲读律令”之条，要求官吏熟读律令，依疾行事。另外，明代严格限制府、州、县的司法权限，对徒、流以上的重案，特别是死刑案件，设立十分繁复的申详审录制度，实行自上而下的司法监督，对于防止地方司法、审判机关的司法专横也有一定的积极作用。当然，在实际的实施过程中，这些法律原则在明代并没有得到真正的贯彻，既有法律本身的原因，也有其他方面的原因。说到底，贵族官僚在法律上享有特权，是中国古代社会无法绕开的一个法律难题，也可以说是在封建社会无法破开的死结。

（三）重视证据的作用

在当代司法活动中，证据的作用自然无须多言。即使是在我们普遍认为并

① 北京爱如生数字化技术研究中心：《中国基本古籍库·理学宗传》，黄山书社，第136页。
② 北京爱如生数字化技术研究中心：《中国基本古籍库·明书》，黄山书社，第1068页。

非法治社会的中国古代，也非常重视证据在司法活动中的作用。中国传说中有神兽獬豸，据说是龙的九个儿子之一。它对说假话的人会用自己的独角去顶触，因此，在中国古代采取神明裁决方式时，獬豸扮演着法官的角色。《说文解字》对“廌”的解释是：“兽也。似牛，一角。古者决讼，令触不直者。”① 这里的“廌”就是獬豸，因此，古代法冠又被称为獬豸冠。《后汉书·舆服志》载：“獬豸神羊，能别曲直，楚王尝获之，故以为冠。”② 据《尚书·吕刑》记载，到了周朝，随着社会发展，神明裁判基本消失，采用“两造具备，师听五辞”的审判方式。“听五辞”，也就是《周礼·秋官·小司寇》所记载的“以五声听狱讼，求民情：一曰辞听（观其出言，不直则烦），二曰色听（观其颜色，不直则赧然）；三曰气听（观其气息，不直则喘）；四曰耳听（观其听聆，不直则惑）；五曰目听（观其眸子视，视不直则眊然）”③。这就是说，审案时，双方当事人都要到庭，法官要听取他们的供述，观察他们的语调、脸色、气息、听觉、眼神，言辞闪烁、神色慌张、气息不均、听时不专、眼神不定的人，则可能是有问题的人。这种靠察言观色进行审判的方法，主观色彩比较浓厚，但不得不说，比之神明裁判进了一大步。何况，当时已经提出不能只听一面之词，而是要听取双方意见，并发现和分析双方供述中存在的矛盾，达到正确断案的目的。

到了周代，证人证言、书证和物证等证据已经在诉讼中广泛使用。《周礼》载：“凡民讼，以地比正之；地讼，以图正之。”④ 凡是民间发生争讼，都要有当地的邻居作证，凡是发生土地争讼，要以官府出示的地图作为证据。对伤害案件，要进行验伤，根据被害人的伤势确定被告人罪责的轻重。对于伤害程度，《礼记·月令》记载了检验的内容和方法：“命理瞻伤、察创、视折、审断，决狱讼必端平。”⑤ 所谓伤、创、折、断，指皮伤、肉伤、骨折、骨肉皆断等不同程度的伤害，而瞻、察、视、审是指肉眼检验的方法。此外，宣誓在周朝也被视为证据之一，《周礼·秋官·司盟》载：“有以狱讼者，则使之盟诅。”也就是说，在断狱之时，双方当事人是要进行盟誓的，这与今天西方的一些国家在法庭上手按圣经进行宣誓形式上有相似之处，只是如今的宣誓并不作为证据使用

---

① 北京爱如生数字化技术研究中心：《中国基本古籍库·说文解字注》，黄山书社，第800页。
② 北京爱如生数字化技术研究中心：《中国基本古籍库·后汉书》，黄山书社，第1480页。
③ 北京爱如生数字化技术研究中心：《中国基本古籍库·周礼》，黄山书社，第183页。
④ 北京爱如生数字化技术研究中心：《中国基本古籍库·周礼详解》，黄山书社，第165页。
⑤ 北京爱如生数字化技术研究中心：《中国基本古籍库·礼记》，黄山书社，第98页。

罢了。而当时的人认为，说谎的人是不敢宣誓的，由此节约诉讼资源。“不信则不敢听此盟诅，所以省狱讼。”[①]

从秦代到清代，被告人的口供成为定罪的一项重要甚至是最重要的证据。《清史稿·刑法志》载：“断罪必取输服供词。”[②] 也就是说，要给一个人定罪，必须要让他认罪，如果被告人不认罪，是不能定罪的。正因如此，刑讯逼供成为常态，也是当时所允许的。将口供放到至高无上的地位以及由此产生的对刑讯逼供的推崇，必然导致冤假错案层出不穷。清代著名的冤案杨乃武与小白菜案，就是典型案例。当然，也有例外，如根据唐律、明律、清律的规定，属于议、请、减、老、小、废疾等不得拷讯的被告人，“皆据众证定罪”[③]。也就是说，这些特殊人群的定罪，不能靠拷问，而是要根据众多证据进行综合判断。明、清两代规定，对于犯罪后逃跑的，只要其他人等证明清楚其犯罪事实，那么也不需要口供就能定罪。

历代刑律对证人证言的收集、使用，设定了一些规则，主要有：（1）作证的例外。通常情况下，作为证人必须作证，但是，从唐代到清代的法律规定，下面两类人不得作证：第一，亲亲相隐范围的人。一定范围的亲属之间和奴婢、部曲（农奴）、雇工人对家长不得作证。这是封建礼教和家族制度在证据制度上的反映。第二，年龄 80 岁以上，或 10 岁以下和有如癫痫等特殊疾病的人。这些人往往缺乏作证能力，而且无法承受当时法律所认可的对证人进行的拷打。（2）伪证有罪。东汉进行审案时，要先告知被讯问者做伪证的后果，然后再进行讯问。唐律、明律、清律均规定，证人作伪证，导致最后案件定罪出现偏差的，证人要承担相应的法律责任。（3）众证定罪。唐律规定，需要 3 个以上的证人证明被告有罪才能定罪。如果只有 2 个证人或者虽然有 3 个证人但并不是全部证明被告有罪的，都不能定罪。

自秦至清的诉讼中，比较重视通过观察犯罪现场、检验尸体伤痕来收集物证和其他证据。从《秦简·封诊式》所载的现场勘察和尸体检验文书案例来看，当长官接到辖地发案报告后，就必须立即派官吏去现场进行勘验。勘验时不仅要详细勘察现场情况，检验尸体的伤痕，而且要向被害人及其家属和邻人了解

① 北京爱如生数字化技术研究中心：《中国基本古籍库·周礼》，黄山书社，第 191 页。
② 北京爱如生数字化技术研究中心：《中国基本古籍库·清史稿》，黄山书社，第 2327 页。
③ 见北京爱如生数字化技术研究中心：《中国基本古籍库·唐律疏议》，黄山书社，第 272 页；《中国基本古籍库·大明律》，黄山书社，第 88 页；《中国基本古籍库·大清律例》，黄山书社，第 311 页。

情况。到了宋代，更制定了比较系统的勘验规则（见《洗冤集录》）。明、清两代进一步在刑律中规定："凡检验尸伤，若牒到托故不即检验，致令尸变，及不亲临监视，转委吏卒，若初复检官吏相见符同尸状，及不为用心检验，移易轻重增减尸伤不实，定执致死根因不明者，正官杖六十，首领官杖七十，吏典杖八十。仵作行人检验不实符同尸状者，罪亦如之。因而罪有增减者，以失出入人罪论。若受财，故检验不以实者，以故出入人罪论。赃重者，计赃以枉法各从重论。"①

"明夷"是古代司法中出示证据的专门术语。明，出示、举出；夷，弓矢。其源于在打猎时，如果猎获物的归属发生纠纷，就要出示弓矢来证明。因为猎人的弓矢上都刻有独特的符号，所以弓矢是证明猎物被谁射杀归谁所有的最可靠的证据。由此引申出在诉讼中双方都要出示证据，也就是"明夷"。《周礼·司寇》："以两造禁民讼，入束矢于朝，然后听之。"② 就是说原告和被告双方都到"法庭"上来，都交纳一束代表"正直"的箭，然后"法官"才开始审理。如果有一方不来或者不交箭，就说明他理亏不直，自认败诉。《国语·齐语》："坐成以束矢""两人讼，一人入矢，一人不入则曲"。③

《论语》中孔子说："片言可以折狱者，其由也与?"④ "片言"，即诉讼双方中一方的言辞，也就是片面之词，是无法断狱的，所以《尚书》规定"听狱之两辞"⑤。孔子此言是为了告诫子路，因子路虽诚实直率，但失之争躁鲁莽，容易导致片言折狱。其主旨是要求子路谨慎地审察"两辞"，准确折狱量刑。

据《韩非子》记载，子产在审理案件时经常运用"倒言反事"的方式鉴别人犯陈述的真伪，所谓"倒言反事，以尝所疑，则奸情得"⑥。同时实行"离讼"，即分别审理争执的双方，不使之互相串供的诉讼原则，然后颠倒其辞以告知对方，由此获得真情，"相与讼者，子产离之而无使得通辞，倒其言以告而知之"⑦。

子产判案还很留心从犯人的言行举止和声色变化中发现蛛丝马迹，这往往使他具有传奇的色彩。据说，一天早晨他乘车外出，听到一户人家传出妇女的

① 北京爱如生数字化技术研究中心:《中国基本古籍库·大明律释义》，黄山书社，第191页。
② 北京爱如生数字化技术研究中心:《中国基本古籍库·周礼》，黄山书社，第181页。
③ 北京爱如生数字化技术研究中心:《中国基本古籍库·国语正义》，黄山书社，第226页。
④ 北京爱如生数字化技术研究中心:《中国基本古籍库·论语》，黄山书社，第29页。
⑤ 北京爱如生数字化技术研究中心:《中国基本古籍库·尚书》，黄山书社，第138页。
⑥ 北京爱如生数字化技术研究中心:《中国基本古籍库·韩非子》，黄山书社，第71页。
⑦ 北京爱如生数字化技术研究中心:《中国基本古籍库·韩非子》，黄山书社，第79页。

哭声，便立即吩咐停车，很仔细地听了一会儿，马上派人把这个妇女抓来审问，原来她正是绞死自己丈夫的凶手。后来，随从问他是怎样得知的，子产回答说，因为她的哭声很恐惧。一般人对于自己的亲人，刚生病的时候忧愁，临死的时候恐惧，死亡之后很悲哀。现在这个妇人哭已经死去的丈夫，声音并不悲哀反倒恐惧，所以其中必有内情。韩非以此批评子产只凭自己的“聪明智虑”察奸而不靠法制和司法官吏，这当然代表了法家的看法。实际上，从诉讼和审判公正思想方面看，子产的这些措施不仅切实有效，而且是古代审判经验的一种表现，对于从程序上保障审判公正、司法公正的实现是非常必要的。

王充提出了“闻恶必考之”的证据原则，认为不能道听途说，仅凭传闻进行赏罚，而一定要将事实查证清楚，并依据法律进行处理。这就要求司法、审判官吏断狱必须调查取证。

元代的张养浩强调重视分析当事人之陈述。从《牧民忠告》有关记载中可以看出，他认为司法审判应当先察其情，辨别当事人陈述真伪：“其情直其辞直，其情曲其辞曲，欲使强直其辞而其情则必自相矛盾，从而诘之，诚伪见矣。”当出现当事人是“健讼者”即讼棍的特殊情况时，由于此类人“理或不胜往往诬其敌，尝诗官长也”，他告诫“听之者当平心易气，置谤言于事外，惟覆其实而遣之，庶不随奸民计中矣”。由于当时社会恃强凌弱者多，以富欺贫者多，当官的欺负无权无势的多，张养浩提出在进行审判的时候要清楚地了解当事人所处的背景。对于相约而问的案件，他认为不能急切之间凭一时冲动进行判断。张养浩还提出“亲族之讼宜缓”，“亲族之讼宜徐而不宜急，宜宽而不宜猛，徐则或悟其非，猛则益滋其恶”。这是从亲族间的感情和伦理道德观念来考虑的。

张养浩还提出应当及时收集、慎重对待被告人最初的口供。他在《狱诘其初》中说：“狱之初发，犯者不暇藻饰，问者不暇锻炼，其情必真而易见，威以临之，虚心以诘之，十得七八矣，少萌始息则将有百倍厥初者。”[①]

明代司法、审判黑暗的重要表现之一就是捕风捉影、屈打成招，厂卫们更是大权在握，生死予夺。据《续通典》记载，不仅酷吏决断“构于虚词，牵于仇怨，所征赃仗率民家常有器械，不足据信”，多数问刑官也是只“信凭参语定

① 张养浩有关观点，见北京爱如生数字化技术研究中心：《中国基本古籍库・三事忠告》，黄山书社，第3、4、7页。

罪而不论招情”。[①] 为严肃司法，防止冤滥，不少司法、审判官吏主张以律断狱，以证定罪。其中进行集中阐发的是丘浚。《大学衍义补》中记载，丘浚认为审理案件“必备两造之辞，必合众人之听，必核其实，必审其疑”。要让被告人把话说完，“不可以盛怒临之”“不可以严刑加之”“输其情则真伪可得而见”。邱浚非常重视证据的作用，他认为，审理民事案件，必须有证人证词，查明证书、契约等。在刑事案件方面，同样要依靠证据查明实情。如对盗窃、抢劫案件，要注意收集“器杖”“货财”等物证，还要询问其邻居和亲属，以取得证言。对强盗罪，捉贼捉赃，必须有确凿证据：“盖为劫盗，必有党羽，必持器杖，必得货财。货财，物物同也；器杖，家家有也。党羽，人人可指也。今获盗焉，并与其党羽、器杖、货财而得之，其真邪？伪邪？吾不得而知也。”所以“验其党羽，必历审其家世、居止、性习之异，离合聚散图谋之由；验其赃杖，必详究其制造、物色、形状之殊，小大、新陈、利钝之实。某物因某而得，某人因某而来，某执某器械，某得某货财，所经由也何处，所证见也何人。既访诸其邻保，又质诸其亲属”。丘竣认为：“盗贼之名，天下之至恶者也，一旦用以加诸其人，非真有实情显迹者，不可也。”[②]

清代统治者努尔哈赤也强调证据特别是两造对质的重要性。在审理案件时，努尔哈赤既听取原告的控告，也允许被告为自己辩护。他接到了四大贝勒和五大臣对褚英的控告后，对褚英说：“尔若自以为是，亦可上书辩驳。”只有两造对质、辩驳，才能澄清事实真相、明辨是非、公正判决。因此，不论地位有多高，官职有多大，只要有人告发，就必须出庭对质。一个名叫刚噶的游击官拒绝出庭，努尔哈赤就给予降职、没收人丁的处分。由明代投降过来的那些深受等级特权思想熏染的汉官们对此很不习惯。如汉军旗固山额真石廷柱就说，如果被抓到六部，与原告一起下跪，那就是受到了侮辱，简直是不堪忍受的事情。这种两造对质的审讯形式，隐含着审判上的平等精神，令习惯了特权的汉族官员们很难接受。

（四）君权天授与屈法伸情

尽管中国古代司法伦理有推崇严格执法等体现法治精神的一面，但毕竟是

① 北京爱如生数字化技术研究中心：《中国基本古籍库·续通典》，黄山书社，第1371、1342页。

② 北京爱如生数字化技术研究中心：《中国基本古籍库·大学衍义补》，黄山书社，第977、1002页。

在封建社会，君权天授的思想根深蒂固，等级分明的封建制度更是统治的根基所在，因此，君主及代表君主行使权力的钦差大臣会拥有超越常规司法的权限。同时，在儒家思想的长期影响下和出于维护统治的考虑，封建统治者基本会推崇“屈法伸情”，以给略显刚硬的司法加入柔软的“润滑剂”，以实现统治阶级立场上的司法公正、审判公正。一方面它可以作为“仁恕决狱”“钦恤用刑”的重要措施而收到缓和矛盾、笼络民心之效；另一方面可以做到宽严相济，对尚未危及封建统治阶级根本利益的犯罪行为予以宽大。更重要的是，君主的个人权威在“屈法伸情”中得到加强，做到伦理与法律的有机结合，更有效地维护专制制度。

明代对“屈法伸情”最为推崇，提出了“明刑弼教”原则。重典治吏治民、严惩贪墨等是为“明刑”，“屈法伸情”是为“弼教”。通过屈法伸情，达到法律效果与社会效果的统一。据《明太祖实录》记载，朱元璋作为起于草莽的开国皇帝，就非常重视“屈法伸情”。如曾经有一个孝子愿意代替他的父亲受刑，朱元璋知道后，对孝子的行为大加肯定，并免掉了其父的罪名。朱元璋解释此举是“为孝子屈法”“劝勉天下”。他认为刑罚的目的是让老百姓不要去犯罪，而不是为了惩罚老百姓。也就是从朱元璋开始，“屈法伸情”作为一项重要的司法原则被固定下来。洪武二十二年（1389 年），朱元璋在重新编定《大明律》时，专门对皇太孙朱允炆讲解制定刑律的用心：“此书首列二刑图，次列八礼图者，重礼也。顾愚民无知，若于本条下即注宽恤之令，必易而犯法。故以广大好生之意，总列名例律中。善用法者，会其意可也。”朱允炆完全领会了朱元璋的“意”，说：“明刑所以弼教，凡与五伦相涉者，宜皆屈法以申情。”朱元璋对朱允炆的说法完全认同，下令以此为宗旨，又对《大明律》第七十三条进行了修改。

因此，“屈法伸情”的思想基础是为民、养民、安民的民本思想，其目的是确立纲常礼教的指导地位，其内容是“平刑缓狱宽恤之令”，其范围是“与五伦相涉”，限于君臣、父子、夫妇、兄弟、朋友之间的伦理，特别是君臣之义、父子之情，其原则是根据不同时期犯罪的不同情况，依照客观形势的需要，制定出不同轻重的刑罚，其结果是实现真正的司法公正、审判公正。[①]

① 北京爱如生数字化技术研究中心：《中国基本古籍库 · 明史》，黄山书社，第 1021 ~ 1022 页。

对“屈法伸情”在司法、审判中的运用，明代统治者强调要对可以“屈法”还是必须“如律”进行区分。1381 年，朱元璋说：“有司不原宣明教化，使民无犯，及有上过，加以苛刑，朕甚悯焉。自今惟十恶、真犯者决之如律，其余杂犯死罪，皆减死论。”① 也就是说，“十恶”“真犯”死罪等重罪不适用“屈法伸情”。统治者“屈法伸情”的目的非常明确，总是为自己的统治服务的，就算“屈法”对象也只能是对中国古代社会政权危害不大的案件。在决定是否“屈法”时，还要查明案由和情节，尤其是犯罪的动机、罪犯的身份、社会关系等，进行综合考量。如《续文献通考》指出，朝廷对案件进行审查，是为了让无辜的人能够申冤，而不是轻易释放有罪的人。如果有人犯罪而逃脱了惩罚，那么老百姓就会轻易犯法，造成犯罪的人更多，这样做只是名义上体恤民情，实际上却让可疑的冤案无法得到伸张。因此，“屈法伸情”不可轻用、不可多用。

从《明史》记载看，“屈法”多由皇帝进行，即使由法司进行，也必须报请皇帝批准。其背后的根源在于皇帝的权力源于天，是“天子”，具有无上的权力，而法司的权力由皇帝赐予，自然应该经皇帝批准后才能“屈法”。所以，大体上是司法官吏按照法律审判，进行“猛烈之治”，而皇帝对其中某些案件或者予以纠正，或者“屈法伸情”，从而获得宽仁的好名声。

三、中国古代司法伦理的局限

中华文化传统法治观主张以德治国、德主刑辅，注重通过自身修为，达到修身、齐家、治国、平天下的最高成就，而平天下的目的是“明明德”以实现天下大同、天地人和谐相处的理想境界。这种智慧在当代中国体现为社会主义和谐价值观及独特的以德治国思想。然而，传统法治观也存在明显的局限性，这种局限性主要体现为：

1. “国”被严重虚化，成为家族利益合法化的外衣

中国素有家—国—天下一体的观念，并且认为“天下为天下人之天下，有德者居之”，然而现实却是“窃钩者诛，窃国者侯”。② 在此矛盾而又并行不悖的

① 北京爱如生数字化技术研究中心：《中国基本古籍库·明史》，黄山书社，第 1536 页。
② 北京爱如生数字化技术研究中心：《中国基本古籍库·文通》，黄山书社，第 43 页。

思想和哲学观下，家是核心，国是家的私产，是上天对有德者（实际是家族）的授予，从而为以家治国提供合法性基础，国的治理自然被视为帝王之家事，而非国人之国事了。

2. 国家治理讲求“内圣外王”，而忽视制度建设

传统国家治理追求圣王之治，通过个人内在不断的修为，即格物、致知、诚意、正心、修身，进而获得齐家、治国、平天下的能力和经验，严重依赖治者的个人修为、品行，而对外在制度性的安排毫不在意，这直接导致中国法治传统重义轻利，而义又是一个道德性极强而确定性和稳定性不足的概念①，从而形成了对“不义”加以处罚的刑法异常发达，而调整利益的民商法极度萎缩的法治传统。

3. 重实体、轻程序

无论制度层面，还是社会意识层面，普遍存在重实体、重结果，轻过程和程序的倾向。在传统法制体制下，行政官员兼任法官，侦、审一家，全凭法官一人指挥决断，从而导致法官预判先入为主，然后以此获取证据、供词，由此发展了丰富的刑讯工具和技术以及确立了仅凭供词即可定罪的传统。

4. “法治”沦为一种权谋之术②

中国法治的传统，总体上可以分为法家和外法内儒两个阶段，这两个阶段在法的内涵及运行上有重大区别，但最终法及法治被视为是一种对内驾驭人臣以安国定邦、对外连横合纵扫蛮平夷的权谋、霸王之术，从而达到江山永固、天下一统于我的目的，除三皇五帝外，多有以家欺国者，而鲜有以家让国者。

尽管如此，我们依然认为，在摒弃传统法治之局限后，依法治国和以德治国是中国法治建设的必由之路、特色之路，也是中国司法伦理的显著特征之一。依法治国和以德治国并非某些人想象的那样水火不相容，而是相得益彰、互为表里，但其关键在于必须将法治与德治的界限和范围划分清楚，且必须对基于农耕经济传统的德治嫁接于市场和互联网经济之上并加以维新，才能因应时代

---

① 自董仲舒以降，便以儒家经义为治国之纲要，更以“半部《论语》治天下”为能。但《论语》何其简要，而现实何其复杂，以《论语》之精神要义制定各律法尚可，但仅凭《论语》本身治理天下，则远远不够。

② 中国法治，大致可以分为四个阶段，一是战国时期，以韩非为代表，法被视为实现富国强兵、争夺霸权的权谋之术；二是汉，以董仲舒为代表，法为表里为儒，家国天下一体，法及法治成为伦理纲常协调家庭和社会关系的一种手段和工具；三是清末民初，西学东渐，西方法及法治思想传入中国，对中国社会造成极大的影响，也让中国看到了另一个全新的世界；四是新中国以降，对中国社会主义特色法治国家的探索。

需求，此所谓周虽旧邦，其命维新。

而正是对这一点认识的不足以及作为后发国家的不自信，将中国传统法治中的人为因素无限放大、以局部替代全貌，甚至极端化，进而将中国法治传统与人治画上等号，给中国传统法治贴上“落后、专制、反人道”的标签，从而在无意或有意中将中国法治传统与作为当代社会文明基本特征的法治对立起来，这是目前法治理论研究和实践的一个巨大陷阱。

我们试图对中国法治传统进行简要、客观、全面的复原，批判其为一人（皇帝、家族、派系）之私的专制及对普通个体的压迫，同时也继承和发扬那种超越家族、派系和时空，闪耀着人性光芒和民族智慧的法治思想与制度——这才是建设中国特色社会主义法治国家的正确方法。为此，本书将从社会伦理和个体伦理，即司法伦理规范的制度层面和个体层面展开研究，前者着重于研究司法伦理规范在制度层面的原则、规则问题，而后者则着重研究司法个体，即法官、检察官及相关法律职业个体的自我伦理修养问题。同时，由于司法行为有程序行为和实体行为之分，司法伦理规范的制度层面将重点研究程序行为的道德问题，以确保程序正义；而司法伦理规范的个体层面则着重研究实体行为道德问题，以确保司法中的实体正义。[①] 当然，这种研究进路只是研究方法的策略，并非、也不可能将不同结构要素或层面决然分开。

第二节　域外司法伦理规范之历史渊源及发展

一、古代域外司法伦理规范

在古埃及和古希伯来，对当时缺乏规则的人类社会来说，人们将希望寄托

① 我们认为，程序公正应当由司法程序保障，而实体公正则由立法和司法者内在自证保障。法律，尤其是公法应该以确保法律为良法及法律程序的平等、独立和效率为核心；个案的公正在法律是良法的前提下则有赖于司法官的内心自证和监督来保障。

于神灵，上帝为人类立法，并充当仁慈和公正的法官。法官作为上帝的使者，代表上帝主持人间的公平正义，因此，要求法官在审判过程中，必须公平对待当事人，对他们一视同仁。

古代的埃及人相信，包括司法人员在内的统治者，死后都会面临神的审判，也就是“末日审判”。古埃及壁画中显示，死者会被带到冥界主宰和死亡判官奥西里斯神面前。奥西里斯旁边站着的，则是真理和正义之神玛特以及准备吞噬人心的“吞噬者”阿米玛特，同时，还有42个不同身份的判官负责考察死者的良心。死者讲述自己的生前所为后，需要将自己的心脏放在天平上与玛特的羽毛进行称量。如果天平保持平衡，奥西里斯会判死者进入天堂，如果天平发生倾斜，死者的心脏就会被阿米玛特吞食，死者则被打入地狱。

“摩西十诫”是古希伯来人吸收古埃及文化并发扬光大的产物。他们认为，“摩西十诫”是神通过摩西之口，向自己的信众说的神的话。因此，它作为《圣经》中的基本行为准则，具有深远的影响。它是西方文明核心的道德观，也成为以色列人立法的基础。包括：不可拜耶和华以外的上帝；不可制造偶像与拜偶像；不可妄称耶和华的名字；以纪念安息日为圣日；应孝敬父母；不可杀人；不可奸淫；不可偷盗；不可作假见证；不可贪心。这“十诫”是摩西向以色列民族颁布的法律中首要的10条规定，是犹太人生活和信仰的准则，也是最初的法律条文。摩西设立了司法机关，执行上帝赐予的法律，并严格挑选伦理上诚实和廉洁的法官履行司法职责。

在古希腊语里，法官与正义是同一个词。法官具有“广泛的自由裁量权”，可以不受法律约束直接根据公正原则审理案件。在古希腊神话中，公正女神忒弥斯蒙着眼睛，一手持剑，另一手拿天平。她蒙着眼睛，代表法官要公平公正，人们不论性别、种族、宗教、信仰、价值观，是亲密还是疏远，是富贵还是贫穷，都应该受到公平对待，女神还要用手中的长剑惩恶扬善。

柏拉图认为，在法律的王国里，法官是法律的仆人。作为法官，不仅应该具有公正的品德，还必须具有做到公正的智慧，和法律规则比较起来，智慧和品德更重要。对法官的伦理规范，他认为：法官如果不称职，就会让好的法律变成坏的法律。一个秩序良好的国家安排一个不称职的官吏去执行制定得很好的法律，那么这些法律就会失去价值，荒谬的事情会增多，恶行也会从中滋长。对法官的任职要求，他认为法官应具有丰富的阅历，应该懂得什么是邪恶，而不应该是年轻人。法官还必须具备渊博的知识，其最终判断能力来自长期的观察。

亚里士多德认为，法律是一种理性，不受感情因素影响。它是实现善和正义的手段和保障，只有建立在法律基础之上，国家才能达到“善生活”。他认为正义可以分为分配正义和矫正正义两种。分配正义指的是比例上的平等，矫正正义则是根据不同情况进行不同对待，也就是需要通过救济手段将非正义的不平等恢复到平等。矫正正义是司法的职能，也是法官要做的工作。他认为，“法官之责，即在力使之平而已”，“法官盖公平之保护者也”。[①] 如果要成为法官，亚里士多德认为不仅需要高尚的道德品质，还应该具有相应的专业能力，这样才能主持正义。

古罗马继承了古埃及的法治思想，罗马法的哲学和道德基础在《查士丁尼法典》中随处可见，如“法律是关于神和人的学问，是关于公正和不公正的科学”“法律者，为善良、公平之术”“正义者，使人各得其所”，正义就是“为人正直，勿伤邻居，公平待人”。罗马法规定法官不能创设法律而只能机械地适用法律，从而保证法律不受司法官的任意解释。什么样的人才有权对法律进行解释？只有集客观、公正、智慧与美德于一体的罗马法学家，才有权利对法律进行解释，并指引法官的判决。

二、当代域外司法伦理规范

（一）美国司法伦理规范

美国联邦法院的法官与检察官是由总统提名，并获得参议院同意后任命。美国的州法官和检察官除了极少数例外之外，都是该州法曹协会成员。各州法官与检察官则以多元方式产生。大多数的州以选举的方式选出全部或一部分的州法官与检察官；有些州，则是全部或一部分的法官采用任命制，大多由该州的行政首长——州长或市长来任命产生。但不论是选举或任命产生的法官，都必须遵守伦理规范。

① 西方法律思想史编写组：《西方法律思想史资料选编》，北京大学出版社 1983 年版，第 32、35 页。

1. 美国的法官伦理规范

美国对法官的伦理规范主要体现在三个方面：

（1）美国法曹协会于1990年8月7日制定的《法官行为规范法》（The Model Code of Judicial Conduct）。该法较早的版本制定于1972年，两者在内容上并无太大差别，各州在推动采用新版本方面进展并不迅速，多是采用1972年的版本，并且在实施时会有所编修。这部法律对法官的日常生活与职务行为进行了规范。要求法官应避免出现在与其所执掌司法职务有关的不适当或不合宜的场合。法官的审判义务优先于法官其他的职务；法官必须审慎处理所有超越审判职务的活动以使得大众不会对法官的适任资格产生怀疑，并因此质疑法官审判的公平性，贬损司法官的职位，或干预司法职务的不适当行使。全职的法官不得在外从事法律执业行为。1990年版的《法官行为规范法》在1972年版的基础上增加了禁止法官加入某些组织的内容，如俱乐部，以及类似容易引起对阶级、性别、宗教或原始祖籍产生反感等的团体组织。同样的，法官也不得参与任意歧视女性、少数族群或其他类似群体的团体。该法还规定：法官应要求参与诉讼程序的律师在法官面前的语言与行为做到自我节制，避免其有出于种族、性别、宗教、国籍、年龄、身心障碍、性倾向、社会经济阶级的偏颇或带有成见的言语及行为的出现，以用来对抗证人、辩护人、当事人或其他诉讼参与人等。

（2）联邦或州法官行为规范法。通过联邦或州立法对法官是否存在与该职位有利益冲突不适任情形作出规定。如法官对某个族群有个人的偏见或者既定成见，法官与某特定事项有利益关联，法官与诉讼主体存在近亲属关系，法官或者近亲属与诉讼一方存在金钱利益关系或者其他可能影响诉讼结果的利益等，都属于法官不适任的情形。此外，如果法官在就任前，自己或者近亲属在私人机构从事与诉讼争议相关联的事项或者法官在就任前以政府雇员身份从事过争议事务，也属于不适任情形。

（3）联邦宪法正当法律程序条款对法官禁止主持审判的情形作出规定。例如，法官审理的案件与其所参加投票判决或者参与拟订意见的案件有依附关系，则应当禁止法官参与该案件的投票判决或者撰写判决意见，防止法官通过案件参与获得对自己所审理案件的偏好结果，从而保证法官审判的最大公正性。

从美国的法官伦理规范文本可以看出，法律要求美国的法官必须是正直而独立的。法官的独立首先表现在精神层面，然后才是制度层面。在司法过程中，总结、创造出各种法律规范，并严格执行这些法律规范，所依靠的正是法官所具有的独立不屈的精神。法官在职业活动中要以法律为唯一的行为准绳，严格按照职业伦理和法律程序的要求履职尽责，不受法律以外的各种压力干预。在伦理层面上，法官的独立不仅从技术规范上保证司法公正，更赋予法官主体独立地位和人格。当然，法官的独立是在遵守法律和各项伦理规范基础上的独立，而不是绝对的独立。

法官应当是公正的、可信赖的。法官必须具有公正性具有至少不亚于法律具有公正性的意义。法官不仅要在内心将追求公正作为职业信仰，而且在行为上要追求公正，达到主观目的与客观实践的高度统一。英国哲学家培根说：一次不公正的审判比多次不正当的举动为祸尤烈，因为后者不过弄脏了水流，前者则败坏了水源。在司法活动中，公正不仅要被实现，而且必须被以看得见的方式实现。只有将主观意识上的公正和客观存在的公正有机地融合在一起，才能实现真正意义上的公正。

对法官违反伦理规范的行为，美国制定了相应的惩戒制度。联邦法官任职虽属于终身制，但如果违反职业伦理规范，同样要遭到弹劾。州法官不属于终身职务，在一届任期满后要面对全州的信任投票。对于违反职业伦理规范的，由州内其他法官共同作出是否惩戒的决定。如果需要进行惩戒，轻则受到申诫，重则免去其法官职务，介于两者之间则要遭到公开谴责或在一定时间内暂停其法官职务。即使州法官有违反职业伦理的行为但没有被免去法官职务，在面对全州信任投票时也必然陷入不利之境。

2. 美国的检察官伦理规范

于美国历史文化而言，对政府滥权的限制和对国家恣意的控制思想渗透进了每一项制度中，在刑事诉讼过程中，对抗制就是最为明显的写照。在该制度下，控辩双方皆为诉讼主体，进行平等对抗，共同推进刑事诉讼进程。作为对抗双方，检察官有权对犯罪进行指控，辩护方也有权保障自身不被国家权力侵害，且拥有多种救济渠道。检察官并不因其代表国家、政府的特殊身份而享有庭审特别地位，凌驾于辩护方之上，而是作为平等的诉讼当事人一方，主要履行公诉职责。与此同时，纯粹的控方角色也使美国检察官拥有浓厚的控诉心理。这种心理会强化检察官同犯罪行为势不两立、斗争到底的决心，强化其使命感和责任感，但也有可能使检察官片面追求对犯罪行为的控诉而产生不端行为，如隐瞒、不开示无罪或罪轻证据，威胁、引诱证人作伪证等，从而坐实嫌疑人的罪行，提高胜诉率。这种对胜诉率的追求，将导致检察官处于危险的境地，他们渐渐丧失了对正义的兴趣，而成为胜诉率的奴隶。

美国检察官与法官一样，需要有律师资格才能担任。美国没有统一的检察系统，检察官有两种身份：一是联邦或州公务员，二是政府律师。其履行的是行政权而非“三权”中的司法权。

作为一个联邦制国家，美国政治上的分散性也体现在其检察体制和职业伦理规范的构建上。正因为美国的检察机关是分散的，因此检察系统内部并没有统一的伦理规范。联邦检察长由美国的司法部部长兼任，主要职责是制定联邦政府的检察政策。在美国各州，检察系统一般由检察长和检察官组成，州检察长名义上担任一州的首席检察官，但大多数州的检察长与检察官之间是一种咨询顾问关系，而不是具体工作领导关系。作为联邦制国家，美国各州的法律有所出入，一些行为是否犯罪在各州可能规定并不相同，甚至在同一州内，各市镇的法律规定也可能大相径庭。美国的检察官在行使职权时一般仅需要考虑本地的法律规定，在这种分散的检察体制下，很难统一制定与实施检察职业伦理规范。对一个在移民基础上建立的国家而言，这种灵活的体制似乎更适合美国的国情，尽管它并不利于检察官的集中管理和提高效率，也不利于打击集团犯罪、跨地区犯罪和流动性犯罪。

美国检察官职业伦理规范在形式上有两种。一种是与公务员职业伦理相关的制度规范。美国是最早开展行政伦理立法的国家，形成了一套完整的行政伦理规范体系，并在实践中成效显著。1958 年美国国会通过了适用于政府官员的伦理规范，1978 年通过了《政府伦理法》，对行政伦理进行了法律规范，标志着美国行政伦理正式步入法治化阶段。1989 年美国国会通过了《伦理改革法》，对公职人员规定了更为严格的伦理标准。同年，根据联邦政府伦理法改革委员会的建议，《行政部门工作人员伦理行为准则》应运而生。《伦理改革法》和《行政部门工作人员伦理行为准则》是目前美国最重要、最全面的行政伦理法律法规，各州也根据实际情况陆续制定了适合自身的行政伦理法规。

法律职业共同体组织或法律协会颁布的职业伦理准则是美国另一种检察官职业伦理规范。美国的法律职业共同体发展比较成熟，其职业伦理规范及应用体制也比较成熟。在美国，法官和检察官都是法曹协会的成员，法曹协会制定的职业伦理规则同样适用于检察官。20 世纪以来，主要由美国法曹协会拟订、发展并扩展到各州法曹协会的关于法律职业人员的专业伦理规范，以判决和惩戒的形式不断地被阐释和延伸，甚至有一部分转化为法律。相比较而言，与前文美国检察官体系相对应，对检察官来说，各州法曹协会制定的规范更具约束力，而美国法曹协会的规范主要起指导作用。

美国法曹协会制定的与检察官职业伦理规范有关的文本主要有:《专业行为示范准则》(2004 年最后修正)、《专业责任示范准则》(1980 年最后修正)、《专业伦理准则》(1963 年最后修正)、《惩戒实施示范准则》(2002 年最后修正)、《惩戒标准》(1992 年最后修正) 等，它们作为范本，在美国大多数州制定法律职业伦理规范时得以参考。

《检察官作用准则》(1992 年 2 月颁布) 是检察官伦理规范的重要组成部分，它包括6 个部分，对检察官的职能、角色利益，关系处理以及检察官履职中的程序性要求等进行了比较详细的规定。

(二) 英国司法伦理规范

1. 英国法官职业伦理规范

作为不成文法国家，英国的法官职业伦理规范主要以“惯例”的形式存在。法官有关“惯例”的知识主要通过职业经历和非正式的信息交流获得，并据此形成约定俗成并广泛认可的法官职业伦理。一般认为，公学伦理、老朋友网络和绅士操行法典是英国法官自律机制建立的三个基础要素。

大多数英国法官在公学接受英国传统价值观的教育，并接受上流社会行为规范、礼仪的训练，这些教育和训练形成公学伦理。由此培养的精英素质和绅士形象，也成为国民对法官形象期待的一部分。

因为出身、教育记忆价值观等方面的相似性，英国法官具有高度的同质性，作为律师公会的成员，他们保持紧密的联系，具有很强的群体凝聚力，形成老朋友网络。这种紧密的朋友圈，也让圈内成员都自觉遵守职业伦理规范。

2003 年制定的《法官行为指南》对法官收受礼物和接受招待作出了规定。明确提出要提防接受任何与司法职务有某种联系，可能被以某种方式解释为试图谋求司法善意或偏爱的礼物或招待。这种规定是为了保持法官的职务廉洁性。

在英国学者看来，这并不意味着法官完全不能接受价值适度的礼物和招待，如表示感谢的纪念品，也并不代表反对他们参加适宜的研讨会、会议和讲座而获得开支补助。

在英国，法官的任职资格主要包含三个方面：法律知识和经验、从事法律工作的技能、个人的人品。以英国巡回法官为例，从法官候选人中挑选巡回法官的标准包括：（1）熟悉法律知识、具有丰富的司法经验和达到较高的职业成就；（2）具备较强的思维分析能力；（3）具备良好的判决能力；（4）具备较强的决断能力；（5）具有与各种人员进行有效沟通的能力；（6）具有保持法院权威、维持法院尊严的能力；（7）具有诚实正直、礼貌与仁慈的品格；（8）具有正义感；（9）能理解民众和社会；（10）司法的适当、有效及公共服务职责。[①]

2. 英国检察官伦理规范

1986年颁布的《皇家检控官准则》规定了检察官在刑事诉讼过程中应当遵循的程序和基本原则，也规范着检察官的职业伦理。该准则主要是规范检察官的职务行为，对职务外行为并无涉及。但检察官作为法律职业人士及公务人员，其职务外行为要求与法官理应保持一致。1994年修订后的《皇家检控官准则》（以下简称《准则》）进行了增删，为便于公众理解去掉了很多专业性法律术语。《准则》对检察官的行为提出了特殊性原则、确保起诉原则和公正客观独立原则。特殊性原则要求检察官在审查和决定起诉时，除了要遵循普遍使用的刑事诉讼原则外，还应当考虑具体案件的特殊性；确保起诉原则要求检察官应当保证以相应的罪名对应当起诉的人提起诉讼，并将全部事实证据提交法庭，以求诉讼成功；公正客观独立原则要求检察官不得因当事人性别、种族、国籍、宗教信仰、政治观点的不同，作出带有偏见的决定，检察官审查案件过程中重视证据，证据不充分的不得进入诉讼程序，检察官行使职务不受立法、行政部门或其他不当因素的影响。如该《准则》第2.3条、第2.4条规定，检察官应当始终坚持公正行事，不应该单纯的将有罪判决作为职业追求。检察官应当确保法律的正确实施，将所有相关证据提交给法庭，并遵守证据明示义务。[②]

---

① 李军、陈淑萍：《中外法官职业伦理比较》，载于《内蒙古民族大学学报》（社会科学版）2013年5月第39卷第3期。

② 参见《皇家检控官准则》。

（三）德国司法伦理规范

1. 德国法官伦理规范

德国也是联邦制国家，联邦基本法规定，联邦法官由总统任命，主管该领域的联邦部长和法官选任委员会共同决定联邦各最高法院的法官人选。各州可以由州司法部部长与法官选任委员会共同决定本州法官任用。在德国，州司法考试委员会会组织两次考试，其中大学生参加大学毕业考试合格后，经过两年的实习参加第二次考试。第二次考试合格率为 10%，是挑选法官的主要依据。经过两次考试合格后才能取得进修机会。联邦各州根据法官缺额和求职情况，由州法官挑选委员会审查求职者的品行、身体和专业等方面，经同意后才能任命为法官。新任命法官试用期一般为 3 ~ 5 年，如果试用期表现好，期满可以转正，成为正式法官。需要说明的是，德国大学法学教授均具有法官资格。所有的专职法官、检察官和职业律师原则上都必须符合法官的任职资格。德国法官伦理规范主要包括以下几个方面：

（1）清正廉洁。不为自己谋取私利是法官履行职责的基本要求。在履行职责期间，法官的行为应对得起因职务而获得的尊重和信任。法官无论任职期间、私生活中，还是投身政治活动时，其行为应当合乎人们对法官独立性的信任。尤其在司法程序中，如果当事人因为怀疑法官行为的合法性而不服，诉讼双方都有权拒绝服从该法官。如果查明法官被指控的理由充足，而且是屡犯，就会被认定为渎职，其会因此受到纪律惩戒。

（2）业余保持谨慎。联邦宪法法院提出：法官在业内和业余均应保持独立性，他们在现实政治的讨论中必须严守中立和保持一定距离。传统上，德国允许法官在某种程度上从事业余活动，但必须以不损害法官的公正性和客观性为原则。有些活动不需要事先得到批准，如发表科研论著，而有一些则需要事先获得批准。对仲裁活动，如果法官正在受理案件或可能要受理案件，则应当拒绝。

（3）禁止从事不相容性工作。法官完全禁止参加如法律鉴定等不相容性活动。此外，法官原则上不允许同时担任立法职务或行政职务，以避免与三权分立原则相悖。

由此可见，德国法官的伦理表现受到比较严格的规范，必须接受上级的考核，一旦违反，将根据有关规定予以制裁。

2. 德国检察官伦理规范

德国检察院在管理上归属于司法部，设立于法院内，与法院相对应，检察院分为地方法院检察院、州法院检察院、联邦法院检察院等若干层级。德国检察官被誉为“司法界的国王”，这一美誉不仅是对其专业水平和技能的钦佩，更是对其高尚职业伦理的推崇。德国检察官主要具有对刑事犯罪及违法行为的侦查权、公诉权、对刑罚执行的监督权。

德国检察官被视为高级文官，接受司法部部长领导。但司法部一般不能过问具体案件，仅负责制定司法政策和司法人员的行政管理。作为行政公务员，德国检察官应当遵从与公务员有关的法律法规规定。对其职业伦理、权利义务的规定主要有：《德意志联邦共和国基本法》《联邦官员法》《联邦官员纪律条例》《公务员行为守则》等。同时，作为欧盟成员，德国检察官职业伦理还受到《欧盟检察官伦理及行为准则——布达佩斯条约》的约束。这些法律制度对公务员的职业行为进行了诸多约束，发挥了很大的积极作用。关于检察官职业伦理及义务规定的主要内容包括：认真履行检察职责；遵守组织伦理，对于上级检察官的合法指令和意见，不能违背及抵抗，依法及时汇报工作；保持公正，为自身行为负责；保持优良的工作能力及状态，保持专业水准，确保足以胜任检察工作，否则提交书面说明；不断学习及更新与职务工作相关的知识、广泛涉猎信息；忠于法律，保持中立性，不能将党派观点诉诸公开场合的言论；不允许参加罢工；工作及职务外言行定当符合检察官形象和身份；恪守在宪法和法律范围内履行职务；按要求对工作过程予以文字记录，以便监督和追踪；上级检察官对下级之命令须依据法律和正当程序；依法向被调查对象告知权利。

检察官的义务、升迁、福利等事项在《联邦官员法》中均有规定，该法要求检察官廉洁自律、奉公守法，不能以权谋私、徇私舞弊、贪赃枉法，检察官及家属不得收受任何形式的不当捐献和馈赠，也不能接受与职务相关的礼品赠予和报酬。

对公务人员从事第二职业，《公务员行为守则》进行了禁止性规定。确因工作需要兼职的，必须获得上级主管部门的同意，如有违反将予以辞退。对职务消费，如公车的购买和使用等，有明确规定；对公职人员的职务外消费，也有要求和监督，如公职人员经常赴宴、更换新车等。

德国检察官的职业伦理考核主要由《检察机关之组织和职务执行法》规定。德国检察官选任程序极为严格，非常注重德行表现，比如对见习检察官，考察组每半年会对其进行一次考察，对其是否具有良好职业品德、是否遵守纪律、是否勤勉、是否具备独立办案能力进行阶段性评价。3 年见习期满后，考察组对其见习表现进行量化评分，做出胜任、不胜任、优秀的整体评价。对检察官，检察长每半年进行评定，每 5 年开展一次由州司法部和检察机关内部组织的双重综合评定。这种评定会将职业伦理素养作为重要鉴定内容，以作为晋升和留任的依据。德国上级检察院检察官需要从下级检察院检察官中遴选产生，由此保证上级检察院检察官具备较高素质。新任检察官必须先在市检察院工作，德行表现优异者才可能被选拔到州检察院任职。

《联邦惩戒法》对公务员进行了惩戒规定。惩戒方式包括罚款、减薪、停止晋升、削减或取消退休金和警告、降级、降职、开除公职等多项措施，与我国《公务员法》规定的对公务员的惩戒有部分相似之处。《反贿赂法》对影响公务员廉洁性的行为如索贿、受贿、行贿等作出了非常详细的规定。德国设置了对检察官职业伦理进行法律监督的多元机构，如有联邦行政法院、联邦纪律法院、内务部行政管理司等；此外还有只对议会负责的审计院，完全独立地开展工作。检察系统要接受议会审计部门的监督，联邦及各州政府的司法部都设有“腐败案件清理中心”，通过联系审计部门对审计过程中发现的贪贿案件进行查办，对包括检察官在内的公务员违法犯罪现象进行教育、预防与监督。①

第三节　中外司法伦理规范比较及启示

通过对中国古代司法伦理和域外司法伦理的简单梳理，我们发现，在司法伦理方面，无论时代如何变化，总有一些核心精神如宝石般闪耀光芒，而从另一方面来看，司法伦理总是与其所存在的时代、国情和文化土壤紧密相连。

① 佟宝贵：《德国和波兰公务员制度概述》，载于《法学杂志》2003 年第 3 期。

一、中外司法伦理规范的共同特征

通过比较中国古代司法伦理和域外司法伦理，我们不难发现以下几点共通之处：

1. 司法公正是司法伦理的核心价值取向

不管是古代的中国还是域外，抑或是当今世界，公正始终是司法的核心追求。即使是在封建专制时期，贵族享有程度不同的特权，也无法否定对司法公正的追求，尽管这种追求与当代所论公正有所差异，可能是不公平基础上的公正，但依然对后世的司法遗留下了公正的精神种子。一俟时机成熟，就绽放出近现代司法公正的花朵，直到今天，无论中外，公正都是司法精神无可替代的内核。

2. 都要求司法人员具有一定的专业水准和敬业精神

在中国古代，尽管并没有建立现代西方形式的诉讼制度，但对从事司法工作的官吏仍具有较高的要求。中国古代社会地方文官执掌地方行政、司法权力，成为国家这个庞大机器中最主要的零件。要维持这部庞大机器的正常运转，主要依靠官吏的个人才能和经验，所以地方文官及其幕僚自身素质的高低对于司法公正有着直接的影响。因此，中国各朝各代对于官员的素质和道德水平都非常重视，要求从事司法的官员心存善良、公正无私，应当是“吉人”“哲人”“贤人”等。更遑论当今无论中外，对法官和检察官基本上都建立了任职资格制度，要求司法从业者具有较高的专业水准和职业道德，并持续提升自我，以适应司法发展需求。

3. 尊重程序正义

我国古代很早就提出了“两造”概念，并在司法过程中重视证据的作用，即使是在皇权干预司法比较厉害的明代，皇帝的“屈法伸情”也是建立在官吏严格执法的基础上，需要官吏严格依法进行审判，调取各方证据，而皇帝的干预也并不是无章可循、随意滥用，只是在严格执法基础上的补充或纠正，以实现皇帝所理解的“公正”。从这个角度而言，对程序正义的尊重并未根本否定。至于当代，域外主流法治国家和地区以及我国都已经建立起了比较成熟的现代司法制度，将对程序正义的尊重提到了与实体正义同等甚至更高的程度。

二、中外司法伦理规范的差异

我们通过比较分析，发现即使是处于同一时间维度的当代，不同的法治国家和地区之间，在司法伦理方面也存在较大差异。

1. 政治制度和职权设置不同导致伦理规范存在差异

不同政治制度下的司法伦理规范，在其表现形式和内容方面都存在较大差异。例如，各国对司法人员的政治参与和政治立场要求存在较大差异。在实行多党制的国家和地区，一般要求法官、检察官等司法人员或公务员保持政治中立，不得参加具有政治立场的活动，而在实行一党制或一党领导、多党合作的国家，则要求法官、检察官遵守严明的政治纪律，具有坚定的政治立场。同时，司法伦理规范也与职权设置有密切关系，特别是在检察官伦理规范方面，由于各国检察权设置不同，对检察官伦理规范的要求也不尽相同。

2. 在伦理规范的形式上，有内部规范和外部规范的区别

以检察官伦理规范为例，在英国—美国等实行“三权分立”的国家，既关注检察权和行政权内部的职业伦理构建，又非常重视立法权、司法权等对检察权的监督制约，构建了比较完善的外部检察官职业伦理规范。

3. 司法组织结构影响司法伦理规范的形式和内容

现代司法要求司法人员依法独立、公正行使司法权，但在上命下从的组织关系下，这一要求很难真正实现。在上级机关对下级机关具有更多领导权和指导权的国家和地区，其规范性文件出现泛化的可能性更大。例如，我国实行检察长领导下的检察一体化制度，检察官职业伦理主要依靠内部建设；而在法律行业组织相对松散的美国，其司法伦理规范大多由外部法律和职业团体自行拟订。因此，不同的司法组织结构，会衍生出不同的司法伦理规范。

三、中外司法伦理规范比较的启示

通过比较中外司法伦理规范的主要异同点，我们发现各个国家和地区都很

重视司法职业伦理规范的建设，并结合本国或本地区实际情况，对各种类型和模式的司法制度进行借鉴，形成了具有本国、本地区特色，兼有多种特征，适合自身需要的司法制度，并随之衍生出相应的司法伦理规范。当今中国正处于改革进入“深水区”的时代，肩负着深化司法体制改革和监察体制改革两个重大历史使命，在这样的时代，对中外司法伦理规范进行比较分析，并尝试从中吸取有利于我国司法发展的养分，具有十分重要的意义。

1. 司法伦理规范研究应该提到更高的地位

依法治国是我国建设社会主义法治国家的基本方略，公正、公平是社会主义法治国家的基本特征，司法公正是实现依法治国的基本保障，也是守护社会正义的最后一道防线。只有进一步加强司法人员的司法伦理建设，才能实现建设社会主义法治国家，构建社会主义和谐社会，营造民主法治、安定有序的社会环境，树立公平正义、诚信和谐的社会风气的目标。每一个时代、每一个社会都会产生自己的伦理体系，同时，伦理体系还会具有继承性，作为伦理体系一部分的司法伦理，同样具有这些特性。当今中国，处于全面深化改革的历史时期，司法伦理如何更有效地促进司法公正、树立司法公信，如何更好地服务于经济社会发展大局，如何更好地促进社会主义伦理道德建设，都是值得深入研究的课题。因此，应当从“四个全面”发展大局的高度认识司法伦理规范研究，提升其学术和实践地位。

2. 应当加强对司法伦理规范的比较研究

“他山之石可以攻玉”，对司法伦理规范的研究，应当采取开放的态度，既要从历史的纵向对比中汲取养分，也要从横向对比中进行借鉴，尤其是要注重从具有较高司法伦理研究或实践水平的国家和地区引介相关理论，充分运用比较研究的方法，取其精华，为我所用，推动我国司法伦理理论研究和实践发展。

3. 要有建立适应我国实践需要的司法伦理规范体系的勇气和自信

尽管我国司法伦理规范已经拥有了为数不少的内部和外部规范性文件，但还没有形成权威性、系统性的伦理规范文本，内容上也还停留在司法改革之前的阶段，不能体现和应对司法体制改革、监察体制改革带来的新变化，我们应当拿出勇气和自信，敢于直面我国目前司法活动中存在的不适应新时代要求的现象，发现其产生的司法伦理根源，如各种社会力量对司法行为的干扰或干预、人情交往进入法律生活领域等，这些现象在现实中屡见不鲜，会对司法人员的独立判断产生影响，干扰司法过程和结果。尤其是领导干部明示或暗示的“打招呼”等，虽然建立了领导干部干预司法记录制度，但如何使该制度真正有效运行，仍有很多伦理和实践问题需要完善。因此，要在司法伦理理论和实践上突破，真正建立起适应国情、直面问题、科学规范、有效运行的司法伦理规范，需要我们拿出足够的勇气，同时也应当拥有足够的自信，因为深化司法体制改革和监察体制改革，是对原有司法伦理和体制的挑战，同时也为建立和完善司法伦理带来了难得的机遇。

第三章
中国特色司法伦理规范建构

第一节　司法伦理的价值

伦理的价值在于塑造和确定人的人生观、世界观和价值观，进而规范、协调人与人、人与群体（社会）、群体与群体、人与自然的关系。司法伦理规范的范畴，即价值，在于塑造司法人内在的善恶观及标准，进而树立对正义的信仰及对司法公正的恪守不渝，最终达到内心与外在、正义与司法公正、人与人、人与社会及人与自然的和谐统一，这是源于中华文明之当代中国法治和司法伦理规范的独特价值。

一、善恶

诚如第一章所论，善恶是伦理学及司法伦理规范的基本范畴，其本质是义与利的关系问题；但对于司法伦理而言，则是应然与实然的调谐问题。

司法伦理规范的善，是正义的保障，最低标准是对司法公正的恪守与实现；这种保障是通过司法伦理规范的一系列原则、规则实现的，不因任何可能的干扰而减损，它超越了个人、世俗和政治，并成为司法善恶判断的唯一标准。

善恶产生荣耻。荣耻感是推动人道德行为的内在动力，是道德从人的内心、社会舆论发生规制作用的前提，能让人从善的行为中获得愉悦，从而向善、行善；从恶的行为中遭受内心的谴责和不安，从而止恶、避恶。正是荣耻感的缺乏或不足，使得一部分人满口仁义道德，实际却为非作歹、贪赃枉法、肆意作恶而恬不知耻（或鲜廉寡耻），甚至自鸣得意，自以为是。对此，古今中外的哲学家均有论断，如孔子就说过“道之以政，齐之以刑，民免而无耻；道之以德，齐之以礼，有耻且格”，这说明孔子认为尚礼崇德，使人树立正确的荣辱观，进而产生强大的自制、自律动力，不仅可以制止，而且可以从根本上有效预防作奸犯科的出现。当然孔子所言的礼、德主要是封建社会的礼和德，但抛开时代局限，其机理和朴素之自然道德观依然有效并应当予以继承和发扬。再如，在被誉为日本社会学入门必读著作《菊花与刀》中，鲁斯·本尼迪克特就直接将日本文化称为耻辱文化，因为耻辱，日本人不惜采取剖腹自杀这种痛苦的方式以平衡内心的耻辱和羞愧感。在传统基督教和伊斯兰教文明中，盗窃、强奸等都是莫大的“罪孽”，并成为现实社会中的基本道德价值观，成为个体内心和社会道德性判决的普遍价值和荣耻标准，指引和规范着个体和社会的行为。触犯者，即便真心忏悔，也会在现世遭受社会的谴责、唾弃和惩罚，在往生亦会受到主或安拉的惩罚，甚至遗弃，陷入万劫不复的境地，这种现世和往世的轮回和惩罚，使其善恶观具备强大的规范能力，从人灵魂的深处规范着人的思想和行为。

二、公正

自亚里士多德以来，有关正义研究的著作和学说不可计数，归结起来大致可分为实质正义和形式正义。实质正义源自古老的自然正义理论，通常可划分为分配正义、均衡正义或矫正正义，强调活动的结果应当是给予人其所应得。然而到了20世纪60年代，美国学者罗尔斯在其《正义论》中对实质正义提出了严重的质疑，他直接跳过活动和行为结果的正义性争论，转而对产生结果的过程的正义性进行研究，进而提出纯粹的程序正义。罗尔斯通过无知之幕及理性人的假设，通过机会平等和差别对待以降低客观因素所导致的机会不平等的制度性安排，通过过程控制来确保正义的实现，而这种正义已经与结果的正义与否没有关联。尽管罗尔斯通过纯粹的程序正义在逻辑上为正义及其实现路径给出了一个近乎完美的解决方案，然而，其模型所依赖的假设前提在现实中并不总是完全具备，故而司法并非必然能够确保正义的实现，对此，罗尔斯有很清楚的认识，进而将正义定义为程序正义的结果，对结果本身的正义则暂且不论。这实际上是有很大的问题的。以美国最高法院为例，尽管其曾经有过马伯里诉麦迪逊这样为人津津乐道的经典判决，但同时也有德雷德·斯科特（Dred Scott）诉桑福德（Sandford，1857）这样裁定黑人及其后代不是美国公民、美国议会无权废除奴隶制这样臭名昭著的判决[①]，以及充满争议的、有关2000年美国大选的布什（Bush）诉戈尔（Gore）案[②]。

正义是人类追求的终极价值之一，当然也是司法及其伦理规范的终极目标和价值追求；即便如此，必须指出的是，由于法律及司法本身的局限性，司法及其伦理规范的现实使命是确保最低限度的正义的实现，即公平公正的实现，这是司法及其伦理规范所必然且实际可以实现的目标和价值，至于公正与正义之间的差距，则不仅有赖于司法及司法伦理本身的善及司法监督，更有赖于人类生产力和文明的进步。

首先，在现代文明和法治体系之下，司法对善的矫正是有其局限性的，因为司法对善的扶正取决于两个方面：一是司法本身是善的；二是司法所依据之法具有善的德行，即司法之法需为良法。显然，司法之善可由司法自身确保，但司法所依据之法的“善”却并非司法可以确保，它属于立法的范畴。由此可见，如果正义是法律之最高道德，显然，司法是难以企及的。

其次，由于司法对善的扶正和实现，是建立在证据规则及证据对客观事实复原的基础之上，但现实中，证据的取得和验证等受到时间、空间、技术等因素的限制和制约，造成证据对客观事实还原的不完整甚至不能，从而使司法认定的法律事实与客观事实可能并不一致，这将在逻辑和客观上导致司法行为的恶结果与人们所追求的“善”和正义可能存在一定的差距。美国著名运动员辛普森案民事部分和刑事部分的判决结果差异以及法院判决与公众认定之间的差距就是一个很好的例子。[③]

---

① 黑人Dred Scott是Dr. John Emerson的奴隶，后John Emerson死亡，Dred Scott被作为遗产由主人的妻子继承。1846年，Dred Scott向禁止奴隶的密苏里州提起诉讼，要求获得自由。纽约州公民John F. A. Sanford作为Dred Scott新主人的代理人参加了诉讼。密苏里州最高法院多次审理，最后判决Dred Scott仍然为奴隶。最后美国最高法院以7∶2判决Dred Scott没有公民资格。

② 2000年美国大选，民主党总统候选人戈尔与共和党总统候选人布什在佛罗里达州的竞争异常激烈，最后，在大约600万张选票中，布什获得2 909 135张，戈尔获得2 907 351张，其他候选人获得139 616张，然而，就是这1 784张选票却能决定谁获得该州的25张选举人票，进而入主白宫。2012年12月8日，佛罗里达州最高法院以4∶3裁定重新验票，随后布什向连邦最高法院提起诉讼。12月12日，联邦最高法院以7∶2裁决人工计票违法，同时以5∶4裁决要求必须在12月12日之前提交重新计票结果，而这实际上剥夺了戈尔重新验票的可能。而在这项影响美国选举的重要判决中，作出支持布什判决的法官Clarence Thomas因为妻子为布什工作、法官Antonin Scalia的儿子所在律师事务所为布什提供辩护而没有回避，从而引发巨大的争议。具体参见吴云：《通往正义之路：从教科书模式到中国司法改革的探索》，法律出版社2011年版，第74～78页。

③ 1994年6月12日，美国橄榄球明星辛普森的妻子在洛杉矶家里和一名男性被杀，检方以谋杀罪对辛普森提起诉讼，但检方并没有辛普森犯罪的直接证据，兼之既有间接证据搜集过程中存在一系列瑕疵，辩方认为检方的指控及证据难以排除“合理怀疑”，最终辛普森被判无罪——但当时，多数美国人认为是辛普森杀害了受害人。但在随后的其妻继承人、男性受害者家属的民事诉讼中，辛普森败诉并给付了巨额赔偿。

总之，司法伦理规范的首要价值是公正而非正义，司法对法律的恪守、对司法伦理规则的尊崇是其最大的道德，但并不对司法最终结果的道德性和正当性承担责任。当然，这并非否认正义是司法的最高道德性，而是司法是实现正义的一个环节，司法对确保道德性的保障，就是对正义的最大贡献。

第二节　司法伦理规范的原则

一、正当程序原则

正当程序源于“自己不做自己的法官”和“对他人做出不利行为要事先告知、说明理由和听取申辩”的“自然正义”（Natural Justice）原则，之后其内涵扩展到包括公开、公正、公平和参与等现代正当程序原则。

正当程序原则的确立肇始于英国，最早出现于《自由大宪章》之非经依法审判不得对自由民人身、财产施加任何损害的规定，后经英国《自由令》、美国制宪会议，正当程序被正式确立，并构成美国宪法修正案第五条、第十四条的渊源①，后其适用扩展到行政领域和其他所有国家公权力领域，甚至扩展适用到社会公权力领域。至此，正当程序被认为是公权力、法治的基本特征和要求，体现了最低限度的公正。

理论界对正当程序的内涵和特征进行了研究和界定，虽各有不同，但其核心内涵一般包括：程序本身的明确性和合理性、当事人对程序的参与、当事人在程序中的平等地位、裁判者的中立性及程序的及时性和终结性等方面。其中，罗尔斯在其《正义论》中，更是提出了纯粹的程序正义、完善的程序正义以及

① 美国宪法第五修正案规定：“无论何人，除非根据大陪审团的报告或起诉，不得受判处死罪或者其他不名誉罪行之审判，惟发生在陆、海军中或发生在战时或出现公共危险时服现役的民兵中的案件，不在此限。任何人不得因同一罪行而两次遭受生命或身体的危害；不得在任何刑事案件中被迫自证其罪；不经正当法律程序，不得被剥夺生命、自由和财产。不给予公平赔偿，私有财产不得充作公用。”

不完善的程序正义，并着重对纯粹的程序正义进行了论述，罗尔斯认为，可以设计一个基本的社会结构，从而确保权利和义务形成的有关过程或者程序具有正当性和合理性，只要遵循这种程序，其产生的结果就应当被视为正确和正当的，与其结果无涉。至此，正义的关注和研究重点从“分配的正义”“均衡的正义”及“矫正的正义”的实质正义转移到程序正义的路径上来。

一般认为，正当程序确立了权力的行使过程和步骤，对法治建构、权力控制、人权保障等具有重要的意义①，是公共权力合法性基础从魅力与权威向理性权威发展的标志之一，是实现正义的基本保障措施，是一种看得见的正义。事实上，对于佘祥林等案，如在侦查阶段未采取刑讯手段、切实保障当事人自辩的权利、充分保障律师辩护权利并对律师意见给予应有的尊重、确保司法人员除法律规定外不受其他指令和任务干扰而独立办案，即便不能完全避免错案的发生，也能大大减少类似案件的发生。

但在我国法治环境下，司法程序的正当性要求司法程序首先要有一个良好的程序，即程序应是事先预定、明确具体的，能够保障各方当事人平等地参与其中。其次，程序中的裁判必须由独立且精通法律的专业人士担任，且应排除其他因素的干扰。再次，程序能及时作出确定、不可推翻的裁判；如有错判，亦应该有错必改，有错速改，不能久拖不决。最后，在侦查、检察和审判过程中，办案小组内充分的讨论，避免一言堂和以领导意志为中心决策，切实贯彻民主集中制是避免和减少司法错误的有效途径。

二、平等原则

平等原则是社会伦理和人权的核心之一，其理论基石有二：一是权利先验论，认为平等是人与生俱来的基本权利；二是人作为法律主体，尤其是宪法上的公民，享有平等的权利，应该被平等对待。平等第一次在宪法性文件中规定是美国《独立宣言》，而真正确定其为基本人权内涵且为世人所公认，则是因其被称为闪耀着“自由、平等、博爱”人性关怀和精神的《人权宣言》和《世界

① 汪进元：《宪法的正当程序原则》，载于《法学研究》2001年第2期，第51页。

人权宣言》所确认和宣扬。

平等是公民实现其他基本权利的前提与基础。唯有平等，才有公正和正义的可能。因此，平等原则是司法伦理规范的基本原则。在司法活动及规则中，平等地保障每个当事人的知情权、参与权及胜诉权是司法伦理及司法伦理规范的基本要求。如保障双方当事人能及时获得对方提交的诉讼文书、告知司法人员基本信息、充分保障当事人双方在司法活动中的参与权等，甚至可以采取抽签或当事人协商的方式确定审判人员——某种程度上，审判人员应该充当一个旁观者的角色，让当事人去表演、博弈，然后作出裁判；只有在当事人偏离舞台时将其拉回来，而不是参与或指挥表演。

平等在有关刑事司法活动中尤为重要。现实中，控方占据审前绝对的主动权和掌控权，辩方只能在控方搜集的证据和程序中寻找漏洞和瑕疵，进而在审判中突破辩方的封锁。但显然这种被动且受到限制的控辩交锋是有失平等且不利于权利保护的。因此，在涉及犯罪嫌疑人权利保护、辩护人权利保障等方面应该加以平衡，如取保候审以批准为原则、不批准为例外，扩大辩护人介入案件的时间节点和职权（如保护辩护人的取证权）、切实落实保障辩护人的辩护权利等——原则上讲，控方与辩方在调查取证及庭审中的权利应该是平等的。

但是平等并非绝对，而是同等情况同等对待、同等保护，体现的是一种机会平等及保障机制，而非结果上的平等。如法律及司法规范对举证责任的分配，原则上采取“谁主张、谁举证”并承担举证不能的不利后果，而非被告或辩方自证清白，当然被告或辩方也可自证清白，但却不是必须。这看似不平等，却正是平等的体现，因为原告或控方的行为对被告或辩方往往是不利的，为了体现对权利的平等保护，就必须让原告或控方承担相应的举证义务和责任，以防止原告或控方利用固有优势损害被告合法权益。对于举证责任倒置的规定同样也是基于对权利的平等保护，因为在这种情形下，举证方在相关争讼事项中往往拥有绝对的控制权，如果让对方当事人举证，则无异于让其享有的权利实际落空。

三、证据原则

司法是还原事实并适用法律的过程。法官并非纠纷或案件的亲历者，故司法官须先以事实发生过程中留下的痕迹进行认定，进而还原客观事实，然后在还原客观事实的基础上，适用法律作出裁决。因此，证据是司法的基础和前提，证据原则构成司法伦理的基本原则，决定着司法公正的实现。证据原则具体包括：

1. 证据的合法性

证据合法性包括证据法定和依法取证两个方面。非法定证据不得作为认定事实的依据，这一点已由法律所确认。证据必须依法获得，非法取得的证据其采信应当受到严格限制，某种程度上，正是司法在这个方面的妥协，才导致了若干社会影响强烈的错案，因为在这些案件中，几乎都存在刑讯逼供情形下取得的证据被作为定案证据使用的情形。当然，绝对排除这些证据也并不符合我国国情，那么，司法中是否可以：一方面，明确规定非法证据排除适用的情形；另一方面，在限定范围内和利害关系人同意的前提下，采取一种控辩交易——采信非法取得的证据，但同时从轻或减轻当事人的责任并严惩违法取证当事人。

2. 证据链的完整性与证明力

虽然刑事与民事案件遵循不同的证明原则（排除一切合理怀疑 vs 优势证据），但用于定案的证据必须构成完整的证据链条并具有充分的证明力是统一的，司法官必须坚持依法对证据链条的完整性及其证明力进行鉴别和认定，坚持疑罪从无。正式司法过程中对证据链完整性及证明力的忽视和认定错误，才会发生佘祥林等案中受害人“死人复活”、胡格吉勒图案未对受害人体内精斑进行 DNA 鉴定即定案的情况，从而酿成大错，引发公众对司法公正和权威的质疑。

3. 使命话语下的先入为主与司法证据逻辑

在刑事案件中，公安机关和检察机关的使命与职责是侦查刑事犯罪并依法追究刑事责任，在这种使命感召下，基于传统司法文化思维惯性，侦、控机关事实上将“绝不放过一个坏人”的惩罚犯罪置于“绝不冤枉一个好人”以保护公民权益更为优先的位置，这就导致了将破案率、破案的效率、有罪判处比例作为衡量工作业绩的首要考核指标，进而在该使命话语权及考核情形下，极易先入为主，进而在先入为主之立场的主导下，影响证据及证明力的认定，使先入为主凌驾于司法证据理性逻辑之上，从而造成司法错误和不公。司法伦理的证据原则必须克服使命话语权下的先入为主及有罪推定或疑罪从轻思维惯性和使命，切实以保护公民人身权利为基本原则，坚持司法证据原则。

四、审判权、检察权依法独立行使原则

我国《宪法》第一百二十六条、第一百二十八条、第一百三十一条、第一百三十三条规定：法院、检察院依法独立行使审判权、检察权，不受行政机关、社会团体和个人的干涉；最高人民法院、最高人民检察院及各级人民法院、人民检察院分别向产生它的人民代表大会负责。但宪法这一对司法机构在国家权力架构及政治上的安排完全不同于西方——司法机构需向产生它的人民代表大会负责，并不享有与立法、行政相对等的宪法地位。可见，我国的司法独立不同于西方三权分立理论和实践中的司法独立，而是呈现出以下特征：

（一）审判权、检察权依法独立行使

根据我国宪法，人民法院和人民检察院均独立于行政机关，但必须对产生它的人民代表大会及常委会负责，即人民法院、人民检察院相对享有立法职权的国家权力机关是不独立的；而且法官、检察官还需由人民代表大会选举和任命。因此，我国的司法独立，有别于西方司法独立的要义在于司法职权独立，而不是司法机关地位的独立。

（二）审判权、检察权依法独立行使与坚持民主集中制是并行不悖的

在西方，司法独立体现的是一种精英司法理念，即公民或国家完全将司法职能委托于法官这个精英群体行使，赋予其只受法律和良心约束，而不受其他任何因素（如政党、政府更替）干涉的超然地位，以确保其对立法和行政的制约；因此司法的独立，更多地是通过司法官的独立裁判来体现，所以很多有影响的判例更多地体现了法官个人的智慧和价值取向。而根据我国《宪法》《人民法院组织法》《人民检察院组织法》等法律规定，民主集中制是各级司法机关、检察和审判组织行使职权的基本原则。人民法院、人民检察院依法独立行使审判权、检察权的主体是法院和检察院，而非法官和检察官个体；兼之审判委员会、检察委员会及其民主集中制议事制度的设置，使得个案裁判更多体现的是司法机关而非司法官的智慧和价值取向。推行“谁办案、谁负责”“让审理者裁

判、让裁判者负责”的司法责任制改革，虽然其理念上引入了法官、检察官依法独立行使办案权的本体理念，但其本质是在宪法和法律所赋予法院、检察院所依法独立行使审判权、检察权的基础上所派生的权力，是法院、检察院所依法独立行使审判权、检察权的一种体现形式，有利于充分调动和发挥法官、检察官的履职尽责，确保司法公正，防止冤错假案的发生，两者是里与表、内容与形式的关系。因此，这一制度安排与法院、检察院依照民主集中制原则依法独立行使审判权、检察权是并行不悖的。

（三）法院、检察院依法独立行使审判权、检察权与坚持党的领导相行不悖

法律是党和人民意志的最高体现，忠于法律，就是忠于党、忠于人民；坚持司法公正，就是坚持党的领导。现实中，将司法独立与坚持党的领导有意无意对立起来的观点，一方面是文化自信和道路自信缺乏、“言必称希腊”的思想在作祟；另一方面也与部分行政机关、领导法治意识不强，“递条子、打招呼、定调子、设期限、派任务”等干涉司法的行为造成的不良影响有关。因此，在司法和法治实践中，一方面，党应通过立法等方式实现对司法的间接和一般领导，避免对个案施加直接和个别的影响或领导，避免司法问题泛政治化或者用运动的方式解决司法问题；另一方面，要扎好“篱笆”，预防行政机关、其他组织和人员假借党的名义对司法进行干涉。

法院、检察院依法独立行使审判权、检察权的核心是确保中央司法事权的统一性、权威性，并且审判权、检察权在行使过程中不因行政区划、案件管辖、财力资源支撑的差异与变动而使之异化成为地方的法院、检察院，尤其是不能使之成为地方保护、利益驱动、挑战中央权威的工具。因而，这一制度安排首先对于排除地方行政官员“递条子、打招呼、定调子、设期限”等不当干扰，制衡地方给法院、检察院分摊经济社会发展项目等与审判、检察事务毫无关联的事项具有天然的抵制力、排斥力。事实上，法律是弱者的武器、社会正义的最后一道闸门，司法机关做好本职、公正司法就是对社会进步和发展的最大贡献。其次，必须改进对司法官的考核、奖励方式——类似企业或行政绩效考核、奖励的方式，如早期的结案率、调解结案率、上诉率等，如同一支无形的指挥棒，左右着司法官的行为，影响着司法公正和效率提升。最后，避免运动式司法和司法运动。司法是一个被动、缓慢、渐进的过程，运动式司法或开展司法

运动可以迅速产生效果，但从长远来看，通常会损害司法公正及权威，得不偿失，这可以从改革开放初期的经验中得到验证。

总而言之，无论是法理上还是根据我国宪法，依法独立行使审判权、检察权是中国特色社会主义司法伦理的基本原则，与宪法确定的坚持社会主义道路、坚持党的领导等基本原则是一致的。

五、效率原则

“效率”原本是一个经济学概念，指单位成本（是时间成本、经济成本等资源投入的综合）的产出。司法效率在司法运行的宏观角度，就是通过充分合理分配、运用司法资源，以最低的司法成本实现最大的司法成果；而在当事人个体的微观层面，则在于在尽可能短的时间内以较低的经济成本实现司法校正正义。当前，司法改革之所以迫在眉睫、刻不容缓，根本上是社会经济发展的客观需求，客观表现为司法资源配置和效用的低效率以及个体追求司法正义所不得不承担的高成本，从而使司法之正义令人望而却步。

司法行为作为人类社会活动的一种，其效率的提升，不仅有利于实现司法矫正正义，避免“迟到的正义非正义”，也有利于树立司法权威，维护良好的司法秩序和社会秩序，更好地匹配于经济发展的需求。

（一）分工与专业化

人类经济和文明的发展就是一部分工与专业化的历史，也正是分工与专业化，从而使得同样的投入，可以有更多、更好的产出。司法是一项非常专业、两造及法曹参与的三方活动，因此必须通过分工，才能使这项复杂、耗时的活动得以顺利、快速地完成。而这种分工和专业化应该存在于三个层面：

首先，司法职能与司法保障的分工和分离。当前一个不容回避的客观事实是，司法机关不从事一线审判、检察业务的人员比重依然较高，造成机构臃肿、效率低下，一线法官、检察官压力颇大。对此，专家、学者一直呼吁必须对此予以改革，其中一个重要的改革方向就是司法去行政化和利用市场机制与资源为司法提供保障。①

其次，司法职能内部的分工。从提高效率的角度，法院在实现立案、审判、执行、监督和民、刑专业细分以及检察院实现侦查监督、公诉、贪腐监察、审判监督、监所监察等初步分工情形下，应该尝试从业务过程的角度，对具体类型业务进行进一步分工和流程优化，如审判过程中，对送达、公告、预审等的进一步分工，这一点可以从公司化经济组织和国际质量管理体系过程控制方法论中寻找新的解决思路，以提高效率。

最后，司法官的专业化。统一的司法考试为司法官的专业化提供了基本保障，当前需进一步强化的是提高司法官的准入制度，彻底排除非专业人士的进入以及加强司法官之间的横向流动，尤其是律师与法官、检察官之间的横向流动；同时，建立司法官共同职业规范亦有必要。

（二）司法业务流程化

司法活动流程化是提高司法效率的重要途径。过程方法是经济组织和国际质量管理体系的一种重要方法，强调任何活动均为一个由输入转化为输出的过程。以审判活动为例，受理的案件及司法官为过程输入，判决书为过程输出；这个过程包括送达、庭审、调解、合议、撰写判决书、判决书送达等活动，通过对这些过程活动的进一步合理分工和专业化，可以在确保质量的同时提高效率。当然，这需要进行系统的研究和实验，但显然可以一试，如同医院治疗疾病一样，医生显然是其中的关键和核心，但挂号、检查、取药、打针、住院等都是通过分工协作而完成，包括一台手术的完成，也是若干部门、若干专业、若干人等合作的结果。

（三）期限定额与费用承担

司法效率考核的主要依据是时间成本和经济成本。实践中，旷日持久、久拖不决是律师、当事人不满司法的主要原因之一，其中的原因在于有些活动缺乏明确期限规定（如从送达不能到公告之间的时间间隔），有些是司法官刻意为

---

① 如有学者认为，裁判的执行属于一种行政行为，因此建议将执行部门及工作从法院组织中予以取缔，裁判执行工作另交行政部门执行。缪蒂生：《当代中国司法文明与司法改革——一种实证方法的研究》，中央编译出版社2007年版，第161～162页。

之（如因积案太多或年底结案率考核需要，将本应适用简易程序的转为普通程序，要求当事人先撤诉、再起诉，以满足时效和法院结案率的要求）。

降低案件受理费收费标准或者制定案件受理费最高限额，是降低当事人诉讼成本、间接提高司法效率的一种途径，有利于当事人降低诉讼成本，避免因“打不起官司”而陷入无从救济的窘境。例如，在存在反诉的情形下，是否可以减半收取受理费也是值得考量的。

第三节　司法伦理规范的规则

司法伦理规范的规则是司法制度和司法行为的具体指南，是司法伦理规范原则在司法制度和司法行为中的具体体现，具有普遍的约束力，以保障司法伦理规范原则和其背后价值追求的实现。根据司法行为的性质和内容，司法伦理规范包括以下几方面的规则。

一、分工规则

从农业文明进入工业文明后，社会生产和生活的复杂化，使分工成为必然和必要，而伴随分工的则是职权分配及协作，由此产生了协调、管理问题。司法活动的运行和组织亦是如此。鉴于此，才出现了以西方三权分立等为代表的系列理论和制度安排。

司法的分工和职权，在国家层面的顶层设计中表现为人民代表大会制度下的分工、协作和监督关系。在中观层面，则体现为法院、检察系统内部，不同级别司法机关之间管辖范围及相互之间关系的规定。如不同级别法院管辖范围之间的分工以及上下级法院之间的监督关系，海事、知识产权等专门管辖等；不同级别检察院之间的分工以及之间的领导关系等。在微观层面，则为司法机关业务层面的分工与协作，如法院内部按业务流程进行了立案、审判、执行等分工，同时根据需要对某个具体的业务进行更为细致的分工，如审判分为民事、刑事、行政、知识产权等。监察机关也存在同样的分工。

本书侧重于司法微观层面的分工与协作研究。笔者认为，明确各司法机关的组织架构和职权，进而规定各自职权的边界、接口，是分工与协作、确定责任的前提，同时也是确保司法通畅和效率的基础。在此过程中，司法业务流程化和减政既是重点，也是难点。

司法业务流程化，要求对司法活动的过程进行具体和细致的分解与分析，在此基础上，对具有共性的业务应该适当集中①，以提高司法质量和效率；在集中和流程化设计中，同时要注意分工之间接口参数的设计以及分工之间的相互制约关系，以防止腐败、枉法发生的可能性，这一点在经济领域有非常成熟的理论和方法。

司法机构的减政，在于让司法机构及司法官专注于司法，而无须遭受与司法无甚关联事务的干扰。减政的关键在于：一方面，彻底消除与司法无关的事务，如扶贫、救灾、参与创建××城市等——其实，司法机关公正履行其职权，就是最好的扶贫、救灾；另一方面，在于尽可能用市场的方法和思路解决司法活动中的一些支持性和辅助性工作，如后勤保障、科研等。②

二、程序规则

如前所述，司法伦理的核心价值在于实现正义，但司法不能确保正义的完全实现，只能通过一系列制度和操作层面的规范性程序设计与安排，确保最低限度正义的实现，此即司法伦理规范的程序规则。正当程序理论是司法伦理规范之程序规则研究和实践的总结。根据该理论及我国实践总结，司法伦理规范之程序规则的重点至少应包括以下几个方面：

1. 权利平等保护规则

虽然司法存在公正与效率的协调问题，但就当前司法实践而言，公正应该

① 例如，审判环节的所有送达行为，可以统一行使；再如，审前证据交换和预处理，可以交由专门人员处理等。

② 例如，有人建议将法院执行职能剥离，交由行政机关执行。

优先于效率，在这一点上，经2017年修订的《中华人民共和国民事诉讼法》有关小额诉讼一审终结的规定是有悖权利的平等保护这一司法基本原则的；另外，可以通过简化司法程序、加大各机关之间的合作共享来提高效率，如司法机关与工商、公安、银行之间的信息共享等。

2. 司法官中立性规则

为确保司法官的中立，可以通过随机指定司法官或经由当事人采取仲裁方式协商指定审判人员，以防止枉法和腐败。

3. 当事人知情权保障规则

确保知情权，是当事人了解自身权利并及时行使该权利的前提，当事人可以在信息充分的情形下，更好地从维护自身权利的角度作出对自己最有利的决策。因此，司法伦理、规则和活动，应充分告知权利并确保当事人有足够的时间和可能行使该权利，如提前告知举证责任承担、司法官组成及申请回避、司法救济（申请法律援助）、聘请律师的权利等。

4. 民主集中制规则

我国的司法独立实质是司法业务层面的独立，并非司法机构地位和权力的独立，因为在我国宪法体制安排中，司法机关是要接受党的领导并向人民代表大会负责的。这种司法业务独立一方面体现为不受行政机关、组织及个人的干涉；另一方面，在具体的争讼案件中，司法官应独立发表自己的司法意见，最后由合议庭、审判委员会或检察委员会通过多数决议或民主集中制作出最终司法裁决。

5. 司法仪式和礼仪规则

进一步规范和严肃司法仪式与礼仪，是彰显和树立司法公信力及信仰的重要途径和方式。但无论在立法还是实践层面，这一点均未引起足够的重视。

三、保障规则

西方司法理论和实践通过确立一系列的制度安排，以确保司法的公正性，如法官采用任命制而非选举产生，这样法官可以免受选民及选情左右；法官实行终身制，非经弹劾及立法机构审理不被解职；法官薪酬不得减少以确保法官经济独立；而且法官享有几乎绝对的豁免权，对行使职权过程中的错误甚至是故意行为都免于追究责任。①

西方模式显然并不符合我国政体及实际，但根据我国司法现实及法治建设需要，加强司法保障确有必要，具体而言主要保障有：

1. 人事保障

必须确保司法机构的人力资源主要从事司法核心业务，其他事务性、辅助性、行政性工作应通过市场化、与行政机关的合理分工等予以逐步解决，以避免司法机构臃肿但实际从事司法业务的人员有限这一现象。

2. 职业保障

应建立明确、规范的司法职业保障制度，包括司法官的准入基本条件（包括陪审员）、职务体系、薪酬福利体系、考核体系、奖惩及退出机制等，在这一点上可以借鉴企业人力资源管理的有益经验和做法。

3. 经济保障

一方面，应立法明确规定司法机关经费的预算、决算程序和额度标准，确保司法机关经费的金额和增长不得低于宏观经济的一定比例和增长速度，以解决司法经费的问题；另一方面，必须全面规范、提高司法官的薪酬福利待遇，通过阳光下的高薪养廉，以确保司法的公正，但必须与司法官的惩戒相挂钩，对此后文再述。

4. 权威保障

各级党组织、行政机关、立法机关必须尊重并配合司法机关的职务行为，模范执行司法机关依法作出的各类生效法律文书，这是确保司法权力的关键。但现实中，各类组织、机关官僚主义、本位主义严重，法律意识淡薄，权责不清等对司法活动及其权威造成一定的障碍和挑战。

5. 业务能力保障

司法是极其专业的，因此，司法伦理规范应当包含一系列保障业务能力的规则和制度，包括理论研究、司法环境研究、司法官准入标准、司法质量评估与改进等。例如，加大从具有丰富社会从业人员中选拔司法官的力度、加强法律职业共同体之间横向的人员流动等。

① 吴云：《通往正义之路：从教科书模式到中国司法改革的探索》，法律出版社2011年版，第32～37页。

四、执业规则

为确保司法公正，司法机构和司法官必须遵守一定的执业规则，其中首当其冲的是正当程序规则，其次还包括司法官个人社会生活中应遵守的规则，概而言之有：(1) 不得从事有损司法独立的活动和兼职，尤其是从事商业活动及兼职等。(2) 保守秘密。不得公开讨论、评判案件。(3) 勤勉尽责。严格遵守司法程序，依法、亲自履行职权，依证据依法内心自证。(4) 清正廉明。实际可以建立统一、更为具体详尽的司法官职业与行为规则。

五、监督与惩戒规则

司法必须接受监督，我国法律对此也作出了相对较为完备的规定，但其关键在于监督与保障司法独立之间的协调。原则上，应该建立明确、规范的内部和外部司法监督机制。一方面，非经法定机构和程序，司法官存在法定情形下，不得免除司法官职务、调整职级，以为司法的公正性提供必要保障；另一方面，应当对司法官建立考核评估制度，但考核评估的重点应该是对职业操守的认定，应弱化对业务能力（如错判率、上诉率、调解率、案件数量等）和业务正确的考核——业务能力应该通过进修、岗位调整等方式解决，弱化或取消各类评比、评优——评比、评优实际是一种隐形的引导和司法干涉。

因为司法是维护社会正义的最后一道屏障，为此，社会赋予其极大的权威和物质保障；一旦司法偏离其使命，整个社会将付出沉重的代价，甚至陷入无以复加的混乱。因此，对司法的惩戒必然是极其审慎和严厉的，包括终身禁止从事法律职业和担任公职、大幅削减或者取消福利待遇等。

第四章
法官伦理规范

美国当代法学家德沃金说，在法律帝国里，法院是法律帝国的首都，法官是帝国的王侯。在宪政国家，法官不但发挥着维持社会秩序的作用，也肩负着维护人权的任务。司法是保护公民权益、维护社会正义的最后一道防线，因而司法裁断公正与否直接关系到社会正义的实现，也影响着社会民众对法律的信赖。法官被赋予了如此重大的责任，其履职的职业技能和职业伦理与上述目标的实现休戚相关。关于法官职业技能的问题，随着法官人员逐步专业化（在教育背景、任职要求以及法官在职轮训等制度方面的整体提升），较之前已有大幅进步。与此相比，法官职业伦理则显得乏善可陈，多年来一直处于不温不火的状态，虽然也有学者为其疾呼，认为法官职业伦理必须跟上时代步伐与时俱进，发挥其应有的作用，但实务中，仍存在重视不足、僵化刻板的问题。

第一节 法官伦理规范的基本内容

司法的创设标志着人类的巨大进步。法院的基本目标在于定纷止争，它着眼于具体纠纷的公正解决、具体案件的公正裁判、向大众提供令其满意的司法服务；最高目标则是促进社会公平正义、为人类社会带来幸福与和谐。司法是社会正义的最后一道防线，其重要性不言而喻。伦理学是研究道德发生、发展及其一般规律的学问。无论是伦理还是道德都存在于人的主观意识之中，体现的是人类精神的自律，即通过人们的内心自觉来达到约束其外部行为的目的，因而是一种柔性社会行为的规范。与此相反，法律则是一种刚性社会行为规范，体现的是“国家意志的他律”。法国著名伦理学家爱弥尔·涂尔干说过：“任何职业活动都必须得有自己的内部准则。”法官职业作为一种成熟的法律职业，当然也应有自己的职业准则。

一、法官职业伦理的比较法概述

（一）各国法官职业伦理概览

美国作为联邦制国家，关于法官的选任和晋升问题，联邦法院和州法院各自为政，对于法官任职条件，联邦法院与州法院、各州法院彼此都可能不尽相同。但大体上，硬性的任职条件一般都要求诸如系美国公民、获得法学院学位、经过严格的律师资格考试并从事律师工作若干年等。除此之外，在法官遴选程序上，联邦法院和州法院也存在较大的不同。

同样作为联邦制的德国，隶属大陆法系，对法官的遴选有着更为严苛的准入制度：法官须经两次考试及格后方能取得进修机会，具体程序为参加大学毕业考试合格者经过两年实习期后，才能参加第二次考试，而这第二次考试才是挑选法官的主要依据，其合格率仅为10%，两次考试均由州司法考试委员会组织。结合各州法官缺额和求职即供需情况，由州法官挑选委员会挑选，挑选时要求审查求职者的品行、健康和专业，挑选通过后，才能被任命为法官。不过任命后也不是一劳永逸，新任命法官有长达3~5年的试用期，试用期间，随时可能因表现不好被解雇、开除；只有顺利通过漫长的试用期后，才算成为正式的法官。

在老牌普通法系的英国，法官制度源远流长。在漫长的发展历程中，英国得以建立在全世界而言都堪称完备的法官选任制度体系，对资历、经验、业绩、人品方面均有着严苛要求。英国法官实行的是委任制，系从律师中产生，奉行法官高薪制和法官终身制。不过，高收益必定有高门槛，英国法官的职业标准之苛刻同样让人心生敬畏，除治安法官外，所有的英国法官必须是来自全国四个法学会的律师，此外，担任不同级别的法官还需满足某些特别条件。例如，担任高等法院的法官须有10年以上出庭律师履历。英国法官职业的精英化，从选任制度的苛刻中可见一斑，成为一名法官有漫长的竞争之路，而最终胜出者必是其中的佼佼者。

法国奉行的也是法官精英制。同样的，对法官的选任亦有严苛的遴选程序。法国司法实行双轨制，普通法院体制之外还运行着一个独立的行政法院系统。

除行政法院法官外，法官都必须是国家法官学院的毕业生，具体程序是先通过大学法律专业考试，得到法学学士学位（这也是将来步入法官行列的必备条件），在接受基础理论教育合格后，有志成为法官的人员将被送往国家法官学院，在那里接受法官职业培训，经过三年严格专业学习和职业训练后，结业时仍面临大考。只有通过严格审查后的合格者方可能被推荐到国家高等司法委员会。国家高等司法委员会将从毕业生中提出拟任命法官名单，经司法部部长、总理、总统逐级签字后，这些佼佼者才会最终出现在政府发布的公报中，得到正式法官任命。辛苦的回报之一是法国的法官亦实行终身制。

（二）法官职业伦理的国际化标准

联合国先后于1985年、1989年通过《关于司法机关独立的基本原则》《〈关于司法机关独立的基本原则〉的有效执行程序》，对法官职业化及司法独立的国际标准进行了指引性规定。其中，关于法官职业化问题则主要从法官任职资格、法官薪俸、法官任期、法官晋升及法官惩戒等方面予以了指引。在法官资格问题上，要求担任法官必须具备一定的法律专业知识、受过职业化法律训练；品德良好，为人正直；有较强处理实务的能力与实践经验。以上标准实际上是从专业技能、道德伦理、实践能力三个层面对法官的任职条件提出了要求。关于法官任期规定则旨在保证任期，也即保证非经本人同意或经法定程序，不得任意缩短法官任期或作出对其不利的变更。法官职业的特殊性需要其任职具有相对的稳定性和连续性，任期太短不利于法官职能的履行。至于法官薪俸的问题，物质决定意识，如果要实现司法裁判的独立，就必须首先保障法官的个人收入，不得随意削减法官的薪俸。此外，司法独立要求的法官超然地位还需延伸至法官的退休待遇问题。上述文件规定："法官的薪金和退休金……与他的地位、尊严和职务责任相适应，同时还应随物价的增长而加以适当的调整""法官的薪俸在其任职期间不得降低，除非这种降低构成了整个公共经济措施的内在组成部分"，也正是基于此观点，奉行法官职业的高薪养廉政策也获得了越来越多的认同。关于法官的惩戒，"对法官作为司法和专业人员提出的指控或控诉应按照适当的程序迅速而公平地处理。法官应有权利获得公正申诉的机会。在最初阶段所进行的调查应当保密，除非法官要求不予保密""一切纪律处分、停职或撤职程序均应根据业已确立的司法人员行为标准予以执行""有关纪律处分、停职或撤职的程序应受独立审查的约束。此项原则不适用最高法院的裁决和那些有关弹劾或类似程序法律的规定”。[①]

上述法官惩戒条文的核心观点是：程序应具有预见性、程序应保证高效和公正、法官还应享有救济途径以及在程序前期要求保密的权利。这些规定体现出对于法官的惩戒应该或者说更应该遵循法律精神，程序正义、公正价值也应体现在对法官的惩戒之中。一言以蔽之：司法者同样需要法律的保护。这些观点以及立法的模式非常值得我们参考借鉴。

二、我国法官职业伦理沿革

中国传统司法是指1840年鸦片战争之前在中国本土文化中成长起来的一种司法形态。这种司法形态因与外界完全隔绝而呈现出独特的伦理特质。对这种伦理特质进行深层次剖析、理性评判，继而加以扬弃，对当下中国司法伦理的建构有着深刻的借鉴意义。中国传统司法伦理特质主要包括以下几点：（1）强调宗法伦理，维护等级特权；（2）尊崇天人合一，追求调处息讼；（3）注重道德法律化，强调法律的情感因素；（4）主张德主刑辅，贯彻明刑弼教。上述司法伦理特征倡导的是通过道德教化，培养民众进入至高无上的精神境界，是一种重视培养个体修养的司法。但现代意义上司法范畴的“公正”，其道德思维在于超越自我而达到普遍，即一视同仁、推己及人，视线的焦点在人与人的“相互间”和人与社会的“相互间”。而传统伦理强调面向自我，关注自我，它不可能超越自我，用一视同仁的目光看道德，不可能把人的视线引向“相互间”。[②] 在中国传统司法中，亦贯穿了这样一种精神：中国传统司法伦理性特征明显，但这种伦理性不同于本书中的职业伦理，两者并不等同，甚至与当代法理学意义上的司法理念形成了巨大反差，多处相悖。在中国法官职业伦理中引进西方法律文化中的中立、超然、理性，并且想让这些理念在中国的司法中扎根、发芽、成长，遇到的最大阻力恰恰是横亘在面前的根深蒂固的中国传统司法伦理中的某些理念。

① 王淑荣：《论法官职业伦理——一种法官职业化视角的研究》，吉林大学博士学位论文，2015年，第98～100页。

② 任者春：《公正——当代伦理的精神指向》，载于《山东师范大学学报》2004年第4期。

究其根源，中国传统司法伦理上述特质与中国传统的政治、经济、文化有着千丝万缕的关系：中国传统司法自秦开始就确立了王权至上的政治体制，农耕自然经济则强化了其中的家庭伦理道德规范，泛道德主义的文化传统则突出义务，恰恰缺乏现代司法伦理意义上的权利概念。①

1840 年，在西方资本主义国家用炮火轰开古老中国的大门之后，中国沿袭了上千年的传统文化、经济、法律等各项制度随之土崩瓦解。在旧制度瓦解之后的断壁颓垣之上，照搬西方发达国家的各项制度最为省时、省力同时也是无奈之举，中国的现代法官职业也随着西方司法制度的引进一并移植过来。中国的现代司法制度与很多其他领域的制度类似，走的都是先照搬后反思、先囫囵吞下后慢慢消化的模式。但无论是中国传统的依附于行政权的行政司法合二为一的“父母官”式的“法官”，还是现代意义上的独立、理性的法官形象，法官职业有着共通的、本质的使命：守护正义，而民众对于法官的期待也不外乎公平、廉洁、正直等，这些品质构成了法官职业伦理的雏形。因此，法官职业伦理既是法官职业群体在自我认同中形成的自律性的操守、信念，从另一个角度来说，也是民众、社会对法官这一职业群体的期待与希冀。

随着司法制度的进步以及法官职业的日渐成熟，这种对法官职业的外界要求同其自身的自我认同日渐弥合，甚至在全世界范围内也是如此，发展到今天，普适意义上的法官职业伦理要求至少有以下几方面：正直、公正以及独立，这也是世界范围内的共识。

三、现行司法改革之于法官职业伦理的影响

法官职业素养大致分为两类：职业技能与职业伦理。职业技能是表，职业伦理是里；职业技能是武器，职业伦理是软实力思想；职业技能是硬件，职业伦理是内核；职业技能属“才”，职业伦理归“德”。关于用人时的才与德的考量，司马光在《资治通鉴》中评价赵襄子使张孟谈潜出见二子一节中有过精辟的见解：“智伯之亡也，才胜德也。夫才与德异，而世俗莫之能辨，通谓之贤，

① 周帼：《中国传统的伦理性司法对当代中国司法公正的启示》，载于《三江学院学报》2011 年第 9 期。

此其所以失人也。夫聪察刚毅之谓才，正直中和之谓德。才者，德之资也；德者，才之帅也。云梦之竹，天下之劲也；然而不矫揉，不羽括，则不能以人坚。棠溪之金，天下之利也；然而不熔范，不砥砺，则不能以击强。是故才德全尽谓之'圣人'，才德兼忘谓之'愚人'；德胜才谓之'君子'，才胜德谓之'小人'。凡取人之术，苟不得圣人，君子而与之，与其得小人，不若得愚人。何则？君子挟才以为善，小人挟才以为恶。挟才以为善者，善无不至矣；挟才以为恶者，恶亦无不至矣。愚者虽欲为不善，智不能周，力不能胜，譬如乳狗搏人，人得而制之。小人智足以遂其奸，勇足以决其暴，是虎而翼者也，其为害其不多哉！夫德者人之所严，而才者人之所爱；爱者易亲，严者易疏，是以察者多蔽于才而遗于德。自古昔以来，国之乱臣，家之败子，才有馀而德不足，以至于颠覆者多矣，岂特智伯哉！故为国为家者苟能审于才德之分而知所先后，又何失人之足患哉！"[①] 司马光认为在识人用人方面，德重于才，有德有才固然理想，但如果非要在才与德之间取舍，那么理应是取德而舍才，因为他认为小人的才被用来作恶，为害尤甚，故宁用无才无德之"愚人"，不用有才无德之小人。我们对于法官队伍的建设当然是怀揣建立德才兼备的干部队伍的美好愿景，但在重视程度上如果非要有厚薄之分，按照上述观点，自然是应将重心更多地放在"德"上，也即对法官职业伦理予以更多的重视。

法官是道德示范者，没有法官道德就没有司法伦理。法官职业伦理问题是在法官职业在我国从依附行政性的"官吏"到逐步凸显自身独立价值的职业化进程中提出的，深究之下，其实是缘于整个法学对于当代中国司法改革进程的反思、缘于法官道德问题本身已然成为中国法治现代化进程中的关键。而随着司法改革推进至"深水区"，法官职业伦理也随之受到了更多的关注。员额制法官改革倡导的"让审理者裁判、裁判者负责"的原则，实际上也对法官职业伦理提出了更高的要求。

目前，我国针对法官职业伦理的专门性规范主要有两部：《中华人民共和国法官法》（以下简称《法官法》）和《中华人民共和国法官职业道德基本准则》（以下简称《法官道德准则》）。其他的规定则散见于各类规定、禁令等文件中。《法官法》是我国法官职业的纲领性文件，从法官任免、考核、奖励、惩戒等角

---

① 司马光：《资治通鉴》，线装书局2011年版，第一卷第3页。

度全面规定了法官职业各个环节应遵循抑或禁止的规定。而关于法官职业伦理问题主要在第十一章“惩戒”中集中予以规定，第三章“义务和权利”中也有部分规定，但上述规定大体都属于概括性规定，如遵守宪法法律，审判须以事实为依据、以法律为准绳，清正廉明，忠于职守等。原则性强，但明显缺乏操作性。2001 年 10 月 18 日颁布的《法官道德准则》是近年来针对法官职业最为细致化的行为规范，纵观该准则条款，有三方面值得注意：

1. 继续重视思想教育的同时抓好行为管理

一直以来，我们重视对法官队伍进行思想层面的教育，在法官队伍中树立政治意识、大局意识和宗旨意识。但具体到操作层面，却一直是“摸着石头过河”，法官有时无所适从，长此以往，难免有“理论上的巨人、行动上的矮子”之嫌。《法官道德准则》则在一定程度上缓解了这一问题。《法官道德准则》着眼于公正、效率、廉洁、礼仪、修养和约束业外活动六方面，关注于规范法官的上述行为，在操作层面为法官在社会生活中提供了有章可循的行为准则。

2. 注重结果导向的同时关注过程监督

任何结果的造就一定经历了一个过程。如果想要得到期望的结果，就必须将监督时点向前推移，从过程开始监督，这样才能实现全程引导、防微杜渐。所以准则对于法官的监督不只限于事后监督，而是对办案的全过程予以监督约束，其中，对于如何在办理案件过程中保证司法公正、提高司法效率等均有具体的针对性条文。

3. 注意个人“主观态度”的同时关注“客观表现”

道德是内化于心的一种品质，看不见摸不着，客观行为则是道德的外部表现，只有将两者结合起来才是正确的评价依据。此外，该准则在规定了“禁止什么”的同时还明确了倡导和允许什么，从正反两面将法官职业道德规范进行了立体化的规定。①

但纵观上述两份被视为法官管理圭臬的文件，也不难发现其中存在的问题：

1. 失之于泛

过于概括简明的原则性描述，无法为具体的行为提供确切的指引。如“独

① 于世平：《走过法官的岁月》，中国法制出版社 2007 年版，第 360 页。

立行使审判权，应客观公正审理案件”等规定，失于空洞，所指不明，如果能配合“案件过问附卷制”具体措施的规定，则会更加具有操作性。

2. 重义务轻权利

纵观《法官法》和《法官道德准则》，义务条文远远多于权利条文，但对于任何一种职业，在对其科以严格的边边框框的同时也必须努力给予其相应的权利保障（此种权利保障既包括物质也包括精神层面的，比如职业尊荣感），如此才能实现良性循环，有利于职业的发展成熟。毕竟，权利义务的对等才是长久稳定之道。当然，需要注意的是，《法官道德准则》的立法原意旨在约束法官道德，这从全称《中华人民共和国法官职业道德基本准则》中就可窥得一二，道德本就是义务本位，故该准则中清一色的法官应履行的义务以及应遵行的制度，并无不妥。

《人民法院第四个五年改革纲要（2014－2018）》明确提出推进法院人员分类管理制度改革，将法院工作人员分为法官、审判辅助人员和司法行政人员三类，进行分类管理。对于我国现行的司法体制而言实为开创之举，也必然会影响到一直以来奉行的司法人员单一制的管理模式。法官员额制改革试点完成后，已在全国全面铺开，审判辅助人员的管理方案也趋于明朗，这些都必然会引发司法人员管理制度的一系列“大动干戈”的制度更新。在评述上述两部规定，尤其是在探讨如何适时改进相关内容时，我们也需与时俱进，看到司法改革加诸其中的影响，如司法人员分类管理制度对《法官法》《法官道德准则》的影响就显而易见：首先法官的范围有了明确的界定，即必须进入员额内的审判人员方能被认定为法官，而原来的助理审判员则归为另一类审判辅助人员，该类人员的管理有待新的制度加以管理，其管理制度大体上可比照法官职业伦理的相关规定，但也会有所区别，毕竟两者在性质上已有了质的区别。

宏观层面的司法公正依赖于法官素质，法官职业道德更是直观地影响着司法形象和法律权威。法官的道德层次不仅关乎法官个人形象，还直接关系其公众形象，进而扩展波及至司法权威。法官职业道德是指法官在履行司法职能的过程中或者从事与之相关的活动时，在法官职业范围内逐渐形成的比较稳定的道德观念、行为规范和习俗的总和。法官职业道德调整的是法官与其外部关系，而法官内部关系方面的行为准则是评价法官职业行为善恶、荣辱的标准。主要表现形式包括法官在履职过程中形成的法官意识、法官价值及法官文化等。①

法官职业道德具有特定性、实用性及相对稳定性和连续性的特征。但职业道德是一定社会物质条件下的产物，随着社会经济条件的发展而不断变化，并非是一成不变、固化甚至僵化的，它仍需要时代的血液。《法官法》《法官道德准则》的颁布已十年有余，随着司法制度的不断完善、司法改革的进一步推进，包括社会主义核心价值观，政法干警“忠诚、为民、公正、廉洁”核心价值观的提出，都不可避免地会对法官职业道德提出新的要求，法官职业道德准则也需与时俱进，将新的历史时期的特点融入其中。随着司法改革进入“深水区”，各项司法改革方案已逐步落地，《法官法》以及《法官道德准则》也须相应地作出调整，以适应改革新形势，同时也努力通过规范法官职业行为，为尚且任重道远的司法改革的进一步前行提供助力，而非阻力。新的时代也必然会赋予法官职业道德以新的内涵。

在裁决争议时，法官肩负实施法律的巨大职权，以致社会对法官的期望值超过一般民众的高度，这就要求法官必须谨言慎行，小心维护法官形象。高度的职业认同感是法官自我修养的基础。只有具有高度职业荣誉感、责任感和认同感，并自觉维护法官崇高形象的司法者，才能加强自律、秉持正义，确保自己履职的公正性。我们相信，如果社会信任和法官自律两者能够形成良性互动，那么推动法治进步的大业必可达到事半功倍的效果。提升法官道德水平，强化法官职业伦理，需要从制度保障和个人修养两个层面营造法官不敢也不愿违反职业规范的制度约束和文化氛围。

第二节　法官伦理规范的制度保障

中国的法官制度发展至今，从规模、形式上均已渐趋成熟。但受传统文化的影响，我国法官伦理的建设和发展仍滞后现实需要，对法官伦理进行制度性

① 蒋新建：《核心价值观取向下法官职业道德的构建》，载于《中国审判》2013 年第 6 期。

规制乃是时代的必然选择。同时，我国法官职业道德乃至司法权威不容乐观的现状，也已经到了非法制不足以保障法官德性的地步了，法官职业的道德建设必须依赖于制度力量。为法官职业伦理建设提供足够的制度保障，需要从顶层设计上健全司法层面的法官伦理制度。

一、马斯洛需求理论之于法官职业伦理建设的启示

亚伯拉罕·马斯洛——美国著名社会心理学家、人格理论家和比较心理学家，人本主义心理学的主要发起者和推动者。他在《人类动机的理论》一书中提出了对现代管理学产生了深远影响的需求层次理论。他认为：人的需求影响其行为；这种需求依重要性和紧迫性，从基本到复杂、从基础到高级依次为生理需求、安全需求、社交需求、尊重需求和自我实现需求五个层次；当低一级的需求得到最低限度的满足后，就会追求高一级的需求，如此逐级上升，成为推动其继续努力的内在动力。[①] 这一理论的用武之地在管理领域，为之提供人才激励的依据和方案。推动司法制度改革、提升司法公信力，首先必须打造一支高素质的法官队伍。而法官作为一个社会职业群体，同样面临如何对之进行有效管理和激励从而使其朝着健康、高效的方向发展的问题。结合法官职业群体的特点，对照马斯洛需求层次理论进行逐层分析，就如何建立一支高素质的法官队伍提供借鉴和参考，不啻为一种可取的思路。从表面上看，与法官职业伦理相关的是社交需求、尊重需求和自我实现三个层面。但实际上第一、第二个层次的生理需求和安全需求一样与其职业伦理息息相关。生理是指人类维持自身生存的最基本要求，包括衣、食、住、行等方面的要求。对于法官职业群体而言，生理需求似乎不成问题，然而，我们在此谈论的生理需求不仅仅是指吃得饱、穿得暖，它还包括人的一种生存状态，其中，健康与否则是一项不容忽视的指标。据报道称，北京市朝阳区人民法院民商事法官人均结案 313 件[②]，如此重压下的生存状态实在不容乐观，而针对法官的暴力事件，凸显了法官这一

---

① 程春：《马斯洛镜像：一碗滋养法官需求的“靓汤”》，载于《法律与生活》2016 年 11 月刊。

② 《探访北京朝阳法院：年受案 10 万，卷宗比人高》，搜狐新闻，https：//www. sohu. com/a/120563721_114731，2016 年 12 月 3 日。

职业群体面临的尴尬：作为司法者、法律守护者却无力保护自己的人身安全。不过，这里将论及的安全需求，更多的是将关注点放在法官的职业安全方面。不绝于耳的针对法官的暴力性事件，让我们着实为这个群体担忧。人民法院尤其是基层人民法院是社会矛盾的聚集地，而相应的安保措施却不尽如人意，很多法院因为缺乏法警，采取招聘的方式招收年轻人做临时性工作，这些人大多并未受过专门训练且流动性较大，应急事件处理能力有限，一旦发生暴力事件，后果往往非常严重。

社交需求包括两方面内容，一是情感的需求；二是归属的需求。人骨子里的社会属性决定了每个人都有一种归属于某一群体的渴望，希望成为这一群体中的一员，与其他成员相互关心和照顾，即所谓的“归属感”。现代法治国家将法官工作之外的生活列入法官职业伦理规范，其私人生活受到一定限制，如谨慎出入社交场合，甚至与亲友也要保持适当距离。但法官也是普通人，并非不食人间烟火的神仙，也有自己的亲朋好友、邻里街坊，尤其是法学院毕业的同学，有的成为律师，有的走上审判岗位，如果硬生生地要求双方不得私下接触，实在有违人情。因此，对于法官的私人生活应体现“关联性受限”的主旨，也即除非涉及案件审理的直接相关利益人员，否则不应干预过多，一个过于严苛的伦理规范难免陷入形同虚设的尴尬境地。我们必须用理智与情感双重关怀法官职业群体的内心感受，制定宽严相济、合乎情理的制约规则。

尊重的需求又可分为内部尊重和外部尊重两个层面，内部尊重简而言之就是自尊；外部尊重是指一个人希望有地位、有威信，进而受到别人的尊重、信赖和高度评价。作为法律的代言人，法官正襟危坐行使裁判权时，抽象的法律权威便附在法官这一具体的人身上。作为一名威严的司法者，法官的职业性质本身就要求足够的尊重。西方的谚语说：如果法院是法律的宫殿，那么法官就是这座宫殿的国王。那么，试想一个缺乏权威、不被尊重的国王又何以掌控权力？相信很多法官，尤其有立案信访工作经验的法官，大多都有莫名其妙被偏执的当事人劈头盖脸一通臭骂的经历。当一个固执己见、不听劝告、带着满腔怨气到法院的当事人的恶言恶语劈头盖脸地向你倾泻时，相信大部分人都难以自持。这令人不禁发出疑问：法律面前人人平等，摒弃身份不论，是谁剥夺了法官作为一个普通人要求被平等对待的权利？当我们大呼和谐司法、文明服务口号的同时，是否又走向了矫枉过正？当我们在不断强调当事人地位时，是否曾理性地审视自己会不会退至牺牲司法权威的危险边缘？尊重理应是相互的，我们在积极努力地营造一个文明司法队伍的同时，必须对其进行相应的保护。

自我实现的需求是马斯洛需求层次理论中最高层次的需求，它是指实现个人理想、抱负，发挥个人能力至最大程度，完成自己能力所及的一切事情的需求。马斯洛认为：事实上，每个人在内心深处都是乐意努力工作，做出成绩的，因为唯有如此才会使他们感到最大的快乐。这是最高级别却也是最为顺理成章的一层境界，当前面四层需求都得到满足后，人们总会希望自己向外部世界证明自身的存在价值、展现自我的人生价值。一个人倘若怀着这样一种崇高的理想追求，那么他的创造力将是无穷尽的。对于法官职业群体而言，这也正是我们所追求的状态。[①] 试想，每位法官都将自己的事业视为一项神圣的使命，全身心地投入其中，那将是一幅多么振奋人心的勃勃景象。这一美好的愿景也正是我们建设法官职业伦理追求的目标，即营造一种让法官自愿、自觉遵守伦理规范并将职业尊崇感和个人使命感融于其间的积极向上的文化氛围。

为达到这一目标，我们在制定职业伦理制度规范时就需考虑如何分层次、有顺序地满足前四项需求，做好上述前提准备后，方能厚积薄发地为第五层次的自我实现提供坚实的基础。按照这一理论，只有在低一层次的需求得到满足后，人们才会去追求高层次的需求。换一个角度还可以理解成：在低一层次的需求得到基本的满足后，人们就会自发自觉地向往并追求更高层次的需求。也就是说，对于前四项需求，我们只要做到满足其基本水平即可，生理需求并非一定要锦衣玉食，只要安逸即可；尊重需求并非一定要对之顶礼膜拜，只要有最起码的敬重即可。可见，满足这些需求并非难事。在我们踏上前四个阶梯后，就可以一跃登上最高峰——自我实现的人生需求顶峰，一展抱负，畅追理想，实现自己的人生价值。而且，这一层的需求永无止境，将成为推动人奋进的“永动机”，蕴含着无法估量的力量。

马斯洛需求层次理论对于我们建立法官职业伦理制度规范有着极大的借鉴意义，可以使我们在进一步完善法官法、法官职业道德基本准则等一系列针对法官职业群体的相关制度时更加具有针对性和实效性。

---

① 程春：《马斯洛镜像：一碗滋养法官需求的“靓汤”》，载于《法律与生活》2016 年 11 月刊。

二、审判中心主义是法官职业伦理推行的基础

在我国，司法行政化管理模式备受争议。

司法改革试点先行，正努力实现人民法院人、财、物省级统管。财政主导权在形式上已基本实现从同级政府剥离，但距真正的独立来源、独立核算的“钱袋子”完全与同级行政机关脱离关系仍有很长的路要走。上述人、财、物等宏观层面的管理模式的改革旨在尽可能避免司法受到外部干预的可能性，切断从物质上被牵制的可能，最大限度地保障司法独立。而司法改革关注内部管理模式的改革目标，则体现在突出法官主体地位，回归审判中心主义的本位。审判权是人民法院工作不容置疑的核心，对于以一审裁判为工作重心的基层人民法院来说，审判权的核心地位应更加突出。基层人民法院的各项工作应当紧紧围绕这一中心展开，这一理念的树立也直接关系到人民法院审判工作的运行实效。但现实中，囿于我国司法权脱胎于行政权的传统窠臼，加之行政权的天性使然，人民法院内部的行政管理权（特指司法管理）有时会扭曲审判权的运行，导致所谓的司法管理的异化现象。如何有效规制司法管理权，使其回归服务审判的本位，这也是我们对这一异化现状进行反思的最终关注点。

从逻辑学的学术范畴上讲，某个事物的概念可以分为内涵和外延两部分，内涵是指这一事物概念所概括的思维对象本质所特有的属性总和，而外延则是这一概念所概括思维对象的数量和范围。司法管理，顾名思义是指为使人民法院司法审判工作的正常运行而进行的行政管理事务，虽身处司法系统之内，但其本质实为“行政管理”，故组织管理学中诸如组织目标明确、效率优先、分工协作等理论同样适用于司法管理机制。

《人民法院第四个五年改革纲要》的发布之于现行人民法院人、财、物的司法管理机制不啻为一种质的突破，而早在《人民法院第二个五年改革纲要（2004－2008）》中，最高人民法院就对“司法管理”一词的范围作出了规定，明确提出了改革和完善司法审判管理、司法政务管理制度以及司法人事管理制度的要求，这也是第一次对司法管理进行界定（即以上三种管理制

度的统称）。[①]

其中，审判管理是指与案件审理、审判权行使直接相关事项的管理办法，如审判流程管理制度；司法政务管理是指为审判工作顺利开展而进行的必要的辅助行政事务的管理，如司法鉴定管理、司法统计制度；司法人事管理，顾名思义，即法官的选任、晋升、奖励、管理、培训、遴选等一系列人员管理工作。概言之，司法管理即人民法院内部对人、财（物）、事的一系列管理制度。但即便如此，实务中司法管理的对象杂糅，且实践中各地、各级法院的司法管理现行做法也不一而足，故其外延实难以穷尽列举，为方便行文，我们谨以《人民法院第二个五年改革纲要（2004－2018）》中对司法管理的三分法为准。

司法管理，顾名思义，为司法而管理，也即为了司法审判权的有效运行而进行的辅助性、保障性管理，它在以司法审判为绝对使命的基层人民法院中是从属于司法权运行的大环境的，也即在司法工作大环境下是一种“第二性”权力。但在现实中，司法管理工作往往着眼于细节，缺乏这一宏观目的的指引，而司法管理的多头管理、交叉管理又加剧了这一问题。就以一审案件审判工作为主要职责的广大基层人民法院而言，这一问题更加明显。因为基层人民法院的司法管理更加单一，基本上全部都是针对内部事务，而中级人民法院、高级人民法院、最高人民法院本身就承担着一些对外的行政管理义务，即司法管理本身就是其本职工作的一部分。对于没有目标的船来说，任何方向的风都是逆风，正是因为缺乏旗帜鲜明的司法管理理念，因此导致司法管理长久以来肆意膨胀，不但未能助力审判权的高效运行，反而累及了审判权的正常行使，司法管理中的不当管理以及过度管理甚至侵蚀、扭曲、冲抵了审判职能，这也是本书所谈的司法管理“异化”现象。此外，司法管理机构功能杂糅、司法管理制度体系缺失也是司法管理“异化”的表现之一。剖析其原因，司法管理权之于审判权的从属地位模糊、司法管理权脱胎于行政管理权的本性使然以及司法管理制度体系缺失均是造成这一问题的症结所在。在承认对审判权运行进行司法管理的必要性的前提下，讨论如何在反思现行司法管理具体制度不足的基础上，建构一种更为合理、有效的司法管理机制；旨在通过改进司法管理机制以期最

① 参见最高人民法院关于印发《人民法院第四个五年改革纲要（2014－2018）》《人民法院第二个五年改革纲要（2004－2008）》。

大限度地减少司法管理之于审判权运行中的掣肘、冲突，从而理顺两者关系，使司法管理归位服务审判权、保障审判权的应然之态。

审判中心主义的归位才能让作为审判者的法官真正产生主人翁意识，对审判工作积极性的调动和审判工作效率的提升都将产生深远的正面影响。物质决定意识，思想决定行为。物质独立、地位确立、职业尊荣感驱动下的工作创造性和积极性才会被长久地激发出来，在这一环境下的法官职业伦理，即使略显苛刻，也会呈现出强大生命力，让法官职业群里心口合一、自发自觉地遵照执行。

三、互联网时代司法公开对法官职业评价体系的形塑

党的十八届三中全会审议通过的《中共中央关于全面深化改革若干重大问题的决定》，对人民法院深化司法体制改革作出了系统部署，从推进法治中国建设的高度，对司法公开工作提出了更高要求。最高人民法院近年来陆续出重拳推行司法公开战略举措，先后建立了审判流程公开、裁判文书公开、执行信息公开三大平台，并成立新闻局和信息中心，出台了一系列针对司法公开的规定，充分显示出最高人民法院推行司法公开的坚定决心。司法公开三大平台旨在变被动公开为主动公开、变内部公开为外部公开、变选择性公开为全面公开、变形式公开为实质公开。2012 年 2 月 29 日，广东省高级人民法院开庭审理美国苹果公司与深圳唯冠公司 iPad 商标权属纠纷上诉一案，在全国开创了高院通过微博全程图文直播庭审的先河。伴随着信息社会下互联网的飞速发展，信息分享已经形成一股不可阻挡的洪流，建立在技术基础上的新媒体对社会、生活、人类思想观念的影响和改变都是毋庸置疑的。与很多发达国家一样，中国也进入了网络化时代。信息的海量交换和共享令所有人都不能对之置身事外，司法机关一样不能例外。虽然传统观点认为，司法具有高高在上的神秘、超然，法官天生应是“高冷范儿”，这些似乎与热闹不已的媒体氛围格格不入，被普通群众围观难免有“原是神仙落凡尘”的尴尬。但在信息时代的大潮之下，如若不能与时俱进，则极有可能导致局面被动，处处挨打；相反，如能以一种积极的心态拥抱这一改变，先发制人，就能变被动为主动，掌握先机。广东省高级人民法院院长郑鄂的一句“与其遮遮掩掩，不如彻底公开”就充分展示了一种对待

改变的内在自信。2013 年 5 月 16 日，《人民法院报》官方微博（粉丝 57，138 名）直播北京延庆县（现延庆区）人民法院永宁人民法庭巡回法庭下乡办案，整个过程通过 16 条微博图文并茂地直播了包括庭前调查、开庭审理全过程，累计转发 77 次、评论 90 条，收到良好的社会效果，这也是一场收效不错的尝试，也为此后的更进一步公开办案树立了信心。自媒体是普通民众借助信息科学技术分享自己本身事实和新闻的途径。BBS、博客、微博、微信等新的平台不断涌现，不仅带来了新的传播手段，更以新媒介的独有尺度改造着媒介、社会及人们的生活。从自媒体诞生、发展、成熟的过程来看，它与报纸、电台、电视、新闻网站几大媒体从点到面的传播方式截然不同，自主交叉互播的特点形成了它独有的传播理念、传播价值、传播渠道、传播时效等，从传播向互播转变，这是自媒体时代的显著特征。① 在自媒体社会下，人人都是信息源、人人都是传播者。借助自媒体推行司法公开，既是机遇，也是挑战。在这里，我们要谈的是在自媒体社会下对法官伦理产生的影响。

当年闹得沸沸扬扬的“彭宇案”② 以及“山东刺死辱母者”一案③，都将未决案件通过媒体演绎成一场“舆论狂欢”。彭宇案最后以双方和解画上句号，但彭宇案的一审主审法官王某却因这场声势浩大的舆论大风暴改变了自己的人生轨迹。有人甚至断言，一审判决结果让国人的道德观倒退了 50 年。这一事件的持续发酵导致王某受到了极大的舆论压力和冲击，甚至在事后被调离审判岗位，被调往当地的街道办事处。“彭宇案”被误读和放大的负面社会效应，既有办案部门和主审法官王某在操作环节的问题，也反映了公众对于道德缺失、诚信危

---

① 郭亦君、马鑫：《自媒体时代审判公开的回应与适应》，载于《学术论文联合比对库》2014 年 3 月 14 日。

② 2006 年 11 月 20 日 9 时 30 分许，64 岁的退休职工徐寿兰与 26 岁的小伙子彭宇在转乘公交过程中发生碰撞，导致徐寿兰受伤，徐寿兰遂起诉彭宇索赔；彭宇辩称其并未碰到徐寿兰，而是发现徐寿兰跌倒后扶了一把，警方又遗失了事发当时对双方的询问笔录，最后，受案法院按照公平原则判决彭宇承担 40% 的责任；彭宇不服，提起上诉，最后在南京市中级人民法院的调解下，双方达成和解协议，彭宇补偿陈寿兰一万元，双方不得再就此在媒体上发表评论或披露本案案情，本案调解后，彭宇承认确实与人发生了碰撞，但不确定发生碰撞的人。此案因“好心扶人、反被讹，好人没有好报”在社会引发的广泛的关注和讨论，并造成了较大的负面社会影响。详见《法制日报：十年前彭宇案的真相是什么?》，人民网，2017 年 6 月 15 日，http：//opinion. people. com. cn/n1/2017/0615/c1003 – 29340731. html。

③ 2016 年 4 月 14 日，赵某因苏某向其借款逾期未还，带领多人至苏某公司讨债，期间赵某一行对苏某及其子于欢实施了强收手机、弹烟头、辱骂、暴露下体、脱鞋捂嘴、扇拍面颊、揪抓头发、限制人身自由等不法侵害行为，后报警，在离开询问室受阻后与赵某等发生冲突，于欢持刀致使一死三伤，其中二人重伤，后于欢被山东省聊城市中级人民法院以故意伤害罪判处无期徒刑、剥夺政治权利终身。本案因子因母受辱，正当防卫却被重判无期而引起社会和媒体关注。一审后，双方提起上诉，后山东省高级人民法院终审认定，于欢行为构成防卫过当，以故意伤害罪改判于欢有期徒刑 5 年。本案详见山东省高级人民法院刑事附带民事判决书，中国裁判文书网，http：//wenshu. court. gov. cn/website/wenshu/181107ANFZ0BXSK4/index. html? docId = 604fe188e24e4a03a825a79b00dc7821。

机的担忧。彭宇案的是非曲直直到最后，也未给出一个官方的定论，在最后的双方和解协议里除了补偿款外，双方还承诺均不在媒体（电视、电台、报纸、刊物、网络等）上就本案披露相关信息和发表相关言论。故事过程众说纷纭、热热闹闹，结果却是平淡无奇、戛然而止。可能这种结局是希望能够息事宁人，但这种遮遮掩掩的做法不但不能平息已经甚嚣尘上的舆论风暴，实际上，对所有被裹挟其中的各方均不公平。当然，这份判决可能确有错误，可能是事实认定不清，也可能是适用法律错误，但这里谈到的这种所谓不公平更多的是来自程序的不公平，王某作为一审审判人员，该判决在未经法定程序认定错误的情况下，就这样悄无声息地背负着舆论“定罪”而失去了自己的法官地位以及法官的尊严。法律人所信奉的程序正义，对自己却不适用，这是多么悲哀的一件事。对于犯罪嫌疑人都能给予其尊严，为什么一个审判台的法官反而如此无助?

事实上，《中华人民共和国法官法》第八条明确规定了“非因法定事由、非经法定程序，不被免职、降职、辞退或者处分”。只是这一规定中的“法定事由”“法定程序”具体是指哪几类法定事由和程序需要进一步明确，同时也需给予这一否定评价以救济途径。法官职业伦理规范是一种以义务为本位的道德规范，要求法官自愿服从，提升个人修为。在这一“自愿服从”的假设下，首先要有足够的制度保障，对法官的职业生涯予以保障，即非经法定程序不被认定违法、违规的基本保障。这实际上是一个非常基础的要求，并无过分之求，但面对我国长久以来用行政官吏的规范要求司法审判者的积弊，这一基本诉求的实现仍显吃力，毋庸谈法官崇高社会地位等更高层次的诉求。只有在制度上给予法官对于自己职业生涯以安全感，才会激发他们心中的职业尊荣感，进而珍惜自己的羽毛，对道德层面的伦理规范自觉、自愿地服从。在自媒体社会的司法公开大背景下，之前略显神秘的审判流程、裁判文书一律置于阳光之下，法官的言行也同样时刻受到关注，法官面临被肆无忌惮地评头论足的境地，言行合乎规范自是法官礼仪的应有之义。需要强调的是，在强大的舆论力量之前，法官需要一定的隔离带，对于其办理的案件和职业操守除非经法定程序认定有错，否则不应基于任何理由对法官给予负面评价和处罚。这是一个法官职业走向独立、成熟，必须现行服下的“定心丸”。

因正当职务行为免受非议或侵害，是职业群体最基本的诉求。在履职过程中如果时时处处面临不可预知的风险，需要时刻如临深渊、如履薄冰地谨言慎行，那么就永远不要指望这一职业群体能够拥有创新能力和工作积极性，更甚者，这一职业的生命力也堪忧，因为没有人愿意从事一项令自己裹足不前的职业。对于法官而言，因其职业特殊性，需要对他人的利益予以裁判，有胜者自然会有失败方，定纷止争只是一个理想中的蓝图，现实中更多则是你埋我怨甚或是两头不讨好，本就因纠纷进入司法程序的当事人未能得到自己想要的结果，难免会将怨气转向司法，而这首当其冲的“活靶子”就是法官。尤其是当下信访以及舆论的非司法渠道救济途径的盛行，一旦燃起怒火，法官想全身而退恐怕就没那么容易。但司法的自由裁量权，尤其是民法慈母般博大高深令民事纠纷很难有一个类似于刑事量刑规范化的度量衡，民事纠纷的自由裁量权是法官手中握有的权利，但这把利器也有可能伤及自己。无怪乎有法官发出宁愿不要这份自由裁量权的感慨。

进行自由裁量的法官必须心中不慌方有可能气定神闲地用好这一利器，将自己的职业技能和素养充分发挥出来，作出他认为的最为公正的裁决，他也才会心甘情愿地遵守法官职业对其的伦理束缚、用自己的良知回馈法官职业给予其的尊荣感。

四、法官职业化进程对法官职业伦理规范的影响

法官职业的特殊性决定了法官在从事裁判事务的职业活动过程中，必须要无条件地遵守制约其行为的特殊伦理规范，这不仅能取得民众信任，也是社会对法官的期待，更是法官职业群体自我认同而形成的自律性的职业良心、信仰与操守。事实上，法官伦理正是在法官职业化进程中才逐步产生的。职业是指须经过专门化的高等教育和技能训练者才能从事的某一种行业，医学以及法学便是其典型。这里法官职业中的职业二字是指经过系统化、专业化训练，掌握所从事职业所必需的专业知识和技能，而且要具有独立、公正、忠于法律的职业品德来服务于社会。

法官作为法律职业共同体的重要成员，除了具有法律人特有的语言、知识、思维技能外，还必须有着独立的法律地位、超然的法律行为、理性的法律思想以及法官职业特殊的法律职业伦理。法官与其他大多数职业一样，必然会有一

个从非职业化到职业化的逐步演进和发展的蜕变过程。可以断言，如果司法仍与行政权合一，如果法官职业不进行职业化建设，那法官就永远无法成为一个独立的职业阶层。从宏观来看，法官职业化的演进之路恰恰是司法从政治权力结构中艰难剥离的过程。可以说，法官职业化是相对行政化、大众化而言的。

法官职业化的确立从某种程度上讲就是通过建立严格的准入制度，历经强化职业意识、加强专业化教育、进行职业实践训练、培养职业品德等一系列千锤百炼的过程，造就一个根据自己对法律专业的理解，通过独特的分析和判断，以中立的地位、毫无偏私的良心，对当事人之间的纠纷作出公正裁判的职业群体。但无论是哪种职业，只要被社会认可、与社会发生关联，便自然会作用于社会、给社会带来一定影响。职业人应该自觉遵守一定的职业规则。不同的职业有不同的职业规则，但责任越大期待越高。越是从事有较大社会影响力的职业，社会更期待其恪守职业规则，形成内心自律，这种内心的自律就是职业伦理。随着职业的发展，其相适应的、独立于意识形态的、与特定职业密切相关的职业意识和伦理准则才能产生。并且职业伦理化程度与某一职业的成熟度成正比，其职业化程度越高，职业伦理越完善、越有效，职业化程度越低，相应的职业伦理越是模糊、缺乏实效性。① 职业伦理具有特殊性、独立性、中间性、自律性及务实性。

五、法官协会在法官伦理建设中的作用

行业协会作为自律性行业组织，起源可追溯到古希腊手工业行会以及中世纪欧洲商人行会和手工业行会。行业协会具有自律性、民间性、非营利性、互益性，属于社会经济类社团，以此特征划分，商业行会、手工业行会、同业公会、职业协会和商会均是行业协会在不同历史时期的不同表现形式。行业协会内部机制优势诸如信息提供、协调行动、信誉生成、规则创制等交易成本优势直接决定了其存在的社会合法性。此处我们引入行业协会的概念试图对法官职业伦理建设提供一种可行的思路。行业协会是一个由同行业成员组织成立的自

① 吴玉章：《法治的层次》，清华大学出版社 2002 年版，第 85 ~ 86 页。

治组织，也是连接成员间的纽带。现代行业协会的渊源、设立初衷实际上可以适用于法官职业，我们谈法官职业保障，实际上一直都是一种软性条款，口号价值多过实际措施，如果能将上述行业协会原始职能如自律性、民间性、非营利性、互益性注入已有的中国法官协会，真正实现其作为法官职业的自治组织职能，在法官伦理培育、法官惩戒复议、申诉权利等方面有所作为，对“法官惩戒委员会”提供外部监督，作为一个法官个体的“娘家人”，在其权利受到侵犯时作为一种组织后盾帮助法官维护自己的合法权益，同时，还可以为信息交流、专业研究、技能培训、推动法官业务素质和职业道德素质提高、维护司法公正、发挥并宣传法官的作用、维护法官合法权益、组织法律服务活动、促进各地区间法官学术交流和业务合作并最终为改革和完善我国司法制度、推进依法治国、建设社会主义法治国家而努力。已有部分地区在尝试这种机制，但我们希冀中的法官协会是一个尽可能突破地域限制、行政色彩尽可能弱化后的贴近生活的法官职业自治组织。建议在全国范围内建立统一的法官协会，在内部设立分会，可以按地区设立，也可按不同的主体划分，如中国女法官协会。促进社会主义法治国家协调行动、信誉生成、规则创制。为保证设定目标的顺利实现，首先必须认识到法官协会的社会团体的独立价值，避免协会设立的纯行政化主导倾向，因为这种一元化的管理模式势必造成“一言堂”的局面。行业协会的自律性、民间性、非营利性、互益性在设立时就应当渗透在其骨髓里，保证多元化管理模式、自下而上的生成模式、协会工作人员的职业化、协会费用来源的非营利性定位。与司法改革并进、与行政管理互补。现在已初试牛刀的法官惩戒委员会如上海市法官检察官遴选（惩戒）委员会、北京法官检察官惩戒委员会，其设立的目的是既确保法官违纪违法行为及时得到应有的惩戒，又保障其辩解、举证、申请复议和申诉的权利。[①] 如果说惩戒委员会是审判法官的主审法官，那么法官协会即法官的辩护人，在程序上维护被诉法官的合法权益。同样地，类比辩护人与审判者之间的关系，法官协会也应与法官惩戒委员会之间保持独立性，逐步从当前官方色彩浓郁的组织蜕变为真正以法官为主体的组织。

总之，如果只论道德，不谈法制，任何法官道德建设最终都会陷入虚无。如果建立起相应的法制框架，虽不能保证法官德性的必然实现，但却能使法官

① 中央全面深化改革领导小组：《关于建立法官、检察官惩戒制度的意见（试行）》，2016 年 7 月22 日。

群体坚守为其设定的道德底线。这个底线就如一道堤坝，虽不能厘定法官道德的上限，却能守住法官职业的道德底线不致坍塌。没有这个底线，我们所追求的法官职业高尚德性就无从谈起，而司法公正也只能沦为空谈。

第三节　法官伦理规范的个人修养

对法官伦理的制度规制已得到足够的重视，且因制度建设在形式上容易见成效，近年来，自上而下也确有大小、高低不同的各项制度相继出台，但形已丰，神待备。如果说法官伦理规范的制度保障是法官伦理实现的宏观硬件保障，那么此处要讲的法官伦理规范的个人修养则是着眼于法官个人修养的微观层面的条件。相比而言，个人修养谈起来易显空洞，本身也没有固定化的模式，稍不留神极易产生用感性解释抽象理念的无力感。我们尝试从多种角度探讨法官个人修养，尽可能多地提供可供参考的思考进路。

一、法官德性是法治之力量

谈法官职业伦理，难以回避的两个近似概念就是法官道德和法官德性。两个概念之间既有联系也有区别，从内涵上对上述概念进行厘清，有助于我们从宏观上把握个中的不同，进而在深入把握基本概念的前提下纵深探讨法官职业伦理。

伦理是自由的理念，它是活的善。道德是一种主观意志的法，自由意志在内心中实现就是道德。而自由意志借外物（特别是财产）以实现其自身，就是抽象法。法就是自由意志的定在。从抽象的法到道德再至伦理，这是一个自低到高的变化过程，伦理居于最高的地位，其所涵盖的内容之广亦凸显无疑。伦理确实是一个极其广泛的概念，它理应存在于一切社会生活领域。政治、经济、法律、文化等各项制度中皆存在伦理问题，任何制度的合理性基础，其伦理秩序都是一个不容忽视的问题。伦理秩序的和谐与否直接关系到制度本身是否具有可持续发展性，亦关系到以此为基础建立起来的社会是否长治久安。制度形于外的东西乃是其形式的正当性、合理性；制度聚于内的东西乃是其内涵之以道德为支撑的人性的光辉，两者的统合，构建成制度的完美表征和丰富内涵。[①] 但两者的不同亦很明显：伦理着眼于社会规范层面，道德则是侧重个体行为；伦理是主观与客观的统一，道德则是一种主观层面的概念。

德性是一种道德力量。康德认为德性是人在恪守责任时，意志不为外物所动的一种道德力量，麦金尔太认为德性是人后天获得的、内蕴于实践活动的各种好的品质、特质、性质、品性。依此而言，德性较于道德规范、伦理制度具有内在性、自律性、超越性等特征，可以使人上升到更高的道德境界，更有利于人全面、自由的发展。[②]

苏格拉底为寻求德性的普通意义、确立人的道德标准，提出了“德性是什么”的论题。有人将德性看作一种道德性技能。道德性技能可以理解为学会控制欲望、倾向和情感的心理技巧和方法，能够避免不道德的行为。而法官德性就是意志在法官履职过程中所体现出的道德力量。司法伦理生成于有德性的法官实践。我们研究司法伦理学的目的正是在于期望于反其道发现如何使法官成为有德性的人。道德是法官需要遵守的底线，法官必须有道德，这是司法职业对每个法官的最低要求。没有法官道德就没有司法伦理。

法官之卓越处在于法官德性。法官德性是指法官意志在履行司法义务过程中所体现的道德力量，是法官道德和法官职业伦理从静态到动态的启动器，是连接两者的纽带。法官德性是由其职业共同体为自治理性而施加的一种道德能力，其逻辑价值是从司法实体出发，达到法官个体道德与司法伦理的统一。化司法职业伦理为法官德性，是指通过法官内在的自我约束，使法官伦理准则逐渐转化为法官个体价值的过程。这种转化是一个由表层认识到深层领悟的过程，是由被动遵守到自觉履行的过程，是由外在的他律到内心自律的过程，这是一个动态的转化过程，司法活动客观环境、法官内心的自律和自主是其主观条件。

独立、超然及理性是专业法官的职业本色，也是威信之基。独立是地位意义上的，超然是行动意义上的，理性是思想意义上的。这三方面互相联系，有

---

① 李建华等：《法律伦理学》，湖南人民出版社 2006 年版，第 121 页。

② 王申：《法官德性是法治之力量》，载于《东方法学》2016 年第 2 期。

机地构成了法官职业之本色，并决定和影响着法官活动、法官制度和法官伦理的一切内容。①

法律是基于人性恶的假设来进行制度构架的，目的在于抑制人性中自私的一面引发的损人利己的行为；而道德则是基于人性本善的假设来设置的，旨在鼓励积极的利他行为。而在司法伦理体系中，并没有一个在所有司法体系中放之四海而皆准的法官道德规范，但司法道德规范的基本理念则是相通的。

法官将公正作为必须要遵循的首要道德准则，以此来促进法官之善，避免邪恶，鼓励正义，摒弃不公正。在这一过程中，法官在内在需求与外在鼓励（社会正面评价）的基础上最终实现法官美德，并由此获得法官职业自我实现的幸福。这种幸福区别于名利的外部激励，两者互为补充，物质激励是法官德性实现的客观基础，内心自我实现的幸福则是物质激励无论如何也无法替代的精神奖励。也即我们所追求的伦理角度的法官的个人修养，事实上与法官个人利益在终极目标上是利益高度一致的，当法官遵循为其设定的职业伦理，同时又能实现匡扶正义、惩恶扬善的朴实的司法目标时，其由此带来的内心的愉悦之情简直难以言表，自己在履行职责的同时内心得到了极大的满足感，进而更加珍惜自己的职业名誉和手中的权力，也更加积极的履行义务，并由此进入一个可喜的良性循环。更现实地讲，法官必须理解并遵循民众对于法官道德要求的善良意愿，并尽一切可能将这种道德要求推己及社会，使之成为普遍认可的有效状态，否则，法官职业的尊崇地位乃至生存都将受到威胁。

对法官伦理的个人修养也必须遵循循序渐进的规则，法官个人修养并非一朝一夕即可铸就的，这种人格的修炼在个人需要日积月累、年深日久的磨砺，在整个法官职业队伍中则需要言传身教、世代传承的经世积累。作为一名法官，尤其是在我国现行体制下，与其他公务员相差无几的入职门槛、管理体制、结构模式下，一个年轻人从“象牙塔”突兀地进入审判队伍，在书记员的位置上稍加锻炼就可以走上审判台，这种对品行并未多加甄别的进驻机制让我国的法官队伍难免出现良莠不齐的局面。一个法官在每天看似枯燥的审判工作中必须具备自我意识、勿忘初心，且同时必须随时抵御来自外界的诱惑和内心的懈怠疲惫方能修炼至随心所欲不逾矩的忘我境界，将法官职业伦理化入骨髓。

① 孙笑侠：《法律家的技能与伦理》，载于《法学研究》2011 年第 4 期。

随着司法改革推进“深水区”以及法官员额制的逐步铺开，现行的《中华人民共和国法官法》及《中华人民共和国法官职业基本道德准则》也应随之进行必要的调整。司法改革的一个很重要的目标是实现“让审理者裁判、让裁判者负责”的法官责任制，而我们的法官职业伦理建设则旨在令法官成为司法责任主体的同时成为真正的道德责任主体。研究表明，由于司法受到固有行政官僚制的影响，司法存在潜在的异化性，这种倾向性仅靠法院自身很难使得法官成为道德责任主体。因此，作为司法本身，应确立司法伦理理念、高扬法官道德精神、创建法官伦理场域、构建司法伦理制度，使法官真正成为道德责任主体。这样，才有可能解决现实社会中法官的道德问题。①

显然，我们已经注意到了法官职业道德的重要性，最高人民法院甚至事无巨细地规定了“严禁接受案件当事人及相关人员的请客送礼；严禁违反规定与律师进行不正当交往；严禁插手过问他人办理的案件；严禁在委托评估、拍卖等活动中徇私舞弊；严禁泄露审判工作秘密”五个严禁的具体情形，对法官在审判实务中常见的几种违规情形进行罗列并给出了具体的处罚措施。但我们必须认识到：职业道德问题不能简单等同于纪律。若埃尔·莫雷巴依对两者关系的表述是：“职业道德准则绝对不是一张纪律错误的列表，需要加以惩处的违纪行为也不只限于违背职业道德准则。虽然两者有交叉部分，其相互间的影响和作用也是不容置疑的，但职业道德规范于纪律准则仍应当是两个具有明确差异的范畴。”上述五个严禁的规定实为细化的具体纪律条款。

二、法官职业道德规范的细节考量

徒法不足以自行，而即使有好的法律，也必须有好的司法者运用得当方可彰显法律应有的作用。法官正是法律经由精神王国进入现实的媒介。法律借助于法官降临尘世。柏拉图早已告诫世人：“如果在一个秩序良好的国家，安置一个不称职的官吏去执行那些制定得很好的法律，那么这些法律的价值便被掠夺了，并使得荒谬的事情大大增多，而且最严重的政治破坏和恶性也会从中滋

① 王申：《法官德性是法治之力量》，载于《东方法学》2016年第2期。

长。”良好的司法运作系统必须建立在一批优秀法官个体的基础上，法官一旦堕落，影响的就不仅仅是一个群体的职业形象，更会殃及整个国家的司法形象。这也是上海法官嫖娼事件[①]为何会引起如此轩然大波，直接挑战了民众容忍底线，上下震怒，被斥为“令法律失去尊严、令司法蒙羞、令正义受损”的原因。正是因为如此，最高人民法院院长才会痛心疾首地斥之为人民法院的耻辱、司法公信的灾难。

从某种意义上说，法官队伍的素质决定了一个国家司法系统的水平，因此，大力发展弘扬法官职业伦理，提升法官职业道德水平已迫在眉睫。而法官职业伦理的内容必须反映民众对公正的期待。

法官在先天就被一厢情愿地赋予了超越世俗的过高期望，认为法官的智慧、道德与修养都应远远超出一般的世俗民众，中国传统社会的“青天”情节也折射出了这种期望，只是，法官并不是神，他们一样有七情六欲，也会受到诱惑，也有人情世故往来。这正是现代司法语境下法官职业道德的理性回归。

行为违法自不必提，能体现这种严苛性的是法官的行为失当。现代法治国家，大多将法官工作的活动纳入规范内容，诸如与当事人及律师一起吃饭、喝酒、聚会都足以遭到法律的追究。严于一般情形下的行为规范都是源于法官所从事职业的神圣性。

说到法官职业道德的具体细节，王利明教授也曾在《司法改革研究》中事无巨细地谈及，他认为中国的司法道德应具备以下几方面的内容：（1）法官不得私自会见当事人及其代理人，理由是司法权的本质和存在的意义在于其独立性和公正性，法官必须保持居中的、公正的地位才能做出公正的裁判。如果法官可以私自会见当事人及其代理人，难免会受到对方的请客送礼，这不仅导致司法的腐败，且必然导致司法不公。（2）法官不得从事营利性的兼职活动，为保证法官独立、公正、廉洁地行使审判权，各国法律都严格禁止法官从事营利性的兼职活动，更不允许法官从事经营和投机性的买卖活动。[②] 这在美国、西班牙等国的司法行为守则中同样能看到。

---

① 2013年8月1日，上海某公司负责人倪某通过网络，公布和举报上海高级人民法院法官陈雪明、赵明华接受宴请并集体嫖娼的视频；2013年8月6日，涉案人员被开除公职和党籍。资料来源：中共中央纪律委员会、中华人民共和国国家监察委员会网站，http：//www.ccdi.gov.cn/yaowen/201308/t20130808_128959.html，最后访问日期：2019年12月20日。

② 王利明：《司法改革研究》，法律出版社2000年版，第123页。

一方面，法官职业道德规范的制定不能过于宽泛，失之于宽的后果是让人无从下手，难以执行；但另一方面，法官职业道德规范也不宜事无巨细、过于严苛，否则会不贴近生活、难以实行，缺乏生命力的规章制度终是一纸空文。比如关于私人交往的“一刀切”，认为法官与律师绝对不允许有私下的交集，但现实中，很多法官与律师往往都有同窗之谊、同门之情，甚至还可能是师生、故交。完全禁止双方的私下来往，不现实也不近人情。法律也无外乎人情，对于有亲友之故的法官和律师，只要双方并无利益往来，也不牵扯权力交换，双方之间的正常往来不应过多指手画脚。但同时必须强调，这种适当的宽容不是默许，更非鼓励，作为一名法官，其中立、超然、理性的特点本就与人情世故的热闹喧嚣不兼容，既然选择作为一名法官，也就应该有一种尽可能远离世俗公众交往的内心自觉，这不仅是职业操守，也是对自己职业的尊重。同时，对于工作中不可避免的狭路相逢，法官要树立一种积极主动的回避观念，不仅可以避嫌，同时也是一种自我保护。古人所云瓜田李下，自有其道理。关于兼职的问题，也不宜泛泛而论，一棍子打死。有人说，工资以外，法官的收入除了赚稿费可以光明正大，此外就只有靠买彩票了。虽是笑话，但话中也无不透着心酸。《法官法》第十五条规定，法官不得兼任人民代表大会常务委员会的组成人员，不得兼任行政机关、检察机关以及企业、事业单位的职务，不得兼任律师。第三十二条有法官不得从事营利性的经营活动的相关规定。《法官道德准则》也明确规定法官不得参与可能导致公众对其廉洁形象产生不信任感的商业活动或者其他经济活动；不得兼任律师、企事业单位或者个人的法律顾问等职务。实务中，为了避嫌，对法官的兼职和工资外收入都是严格约束的。纵观很多发达国家，对法官严苛的全方位约束机制比起我们有过之而无不及，但同时也应看到背后大多奉行的是高薪养廉政策。我国目前的法官待遇实在是不尽如人意，在这种背景下，要求杜绝一切工资外收入，就有过激之嫌。笔者以为，关于法官经济腐败不宜严防死守，随着科技的进步、大数据时代的来临，以及我国税制改革的逐步推进，经济往来被有效监督，法官除“主营业务”工资收入之外，如股票、投资、在高校授课之类的营业外收入，只要手法正当，且无权力寻租迹象，均可允许。

社会在不断发展，同时也对法官职业伦理内容提出新的要求，除了维持法官职业伦理的传统内容外，也需要不断与时俱进地更新和提高，如此才能不辜负民众对法官的期待。

三、个人道德与法官职业共同体道德

在讨论法官个人道德之前，不妨先讨论一下法官职业群体的道德素养问题。将法官作为一个职业整体来对待，讨论这一职业群体应该有的道德，一来，任何个人身上永远都不可避免地带有其所在群体的烙印，尤其是对于法官这个职业特征如此明显的职业群体；二来，了解法官职业群体道德准则有助于把握和分析职业群体中个人的道德素养特征。说到职业道德，法国著名伦理学家爱弥尔·涂尔干有着精辟的论述："职业道德的每个分支都是职业群体的产物，那么他们必然带有群体的性质。一般而言，所有事物都是平等的，群体的结构越牢固，适用于群体的道德规范就越多，群体统摄其成员的权威就越大，群体越紧密地凝聚在一起，个体之间的联系就越紧密、越频繁，这些联系越频繁、越亲密，观念和情感交流就越多，舆论也就越容易扩散并覆盖更多的事物。显然这就是大量事物都能个就其位的缘故……所以我们可以说职业道德越发达，他们的作用越先进，职业群体自身的组织就越稳定、越合理。"①

按照一般逻辑，在讨论法官职业伦理时，应逐一上溯至其上位概念，相邻阶位的概念中，上位概念的特征是下位概念的必要非充分条件，对认识下位概念是一种宏观补充。这里，我们讨论三个相邻阶位概念：职业伦、法律职业伦理、法官职业伦理。

职业社会学归纳的职业伦理应具有三个特征，包括最低限度的行为准则（从业者必须知道的从事本职业所必须遵守的规则）、道德行为规范（如果违反这个规则，就要承担不带有强制力的道德谴责义务）、法律行为规范（附随遵守国家的法律义务，对于违反法律规范者，就要承担国家法律制裁的义务）。作为下位概念，法律职业伦理则除了具备以上三个特征外，还包括对法律的忠诚义务、追求公正两个特征。作为从事法律职业的群体，对法律忠诚是其行为准则中的应有之义，这种首要的行为准则要求该职业群体的成员必须确立为实现法

---

① 【法】爱弥尔·涂尔干：《职业道德与公民道德》，渠东、付德根译，上海人民出版社2001年版，第57页。

律的公平正义而拥有的价值观和使命感，无论是法官、检察官还是律师，自身必须信仰法律、对法律忠诚，方有可能认真履职，成为一名称职的法律职业人。法律的终极目标是公正，作为法律职业中的成员，法官的目标必须与其保持一致，并将这种使命感和责任感贯穿于自己的言行之中。法官职业作为下位概念，其职业伦理也必然具有上述职业伦理、法律职业伦理所列的行为准则：是该职业最低限度的行为准则（而非高层级的应然态行为准则，如法官应具有绝对超然、高度理性），一旦违反法官职业行为准则将受到来自所在职业群体、社会舆论的道德谴责，等等。

四、加强法官职业伦理教育

20世纪20年代，东吴大学法学院院长刘伯穆就断言："中国的司法要改革，第一步必须改革那些未来的法官与律师。"[①] 弹指一挥间，中国的司法历程又走过了近一个世纪，但反观我国当下高等法律教育现状，实体法乃至程序法都逐步受到重视，并在教育规划中占有自己的一席之地，但司法伦理教育多年来却举步不前，很少有高校将司法伦理课列入学生课程，即便有，也只是点缀性的选修课程。司法伦理教育无论是理论上还是实务上均没有得到应有的重视。中国的法学教育本就倾向于务实，这一点从学生热衷选择的专业就可看出概貌，理论性的课程本就有些不受欢迎，比起法理学、法制史，司法伦理更是难登大雅之堂，只能靠边站。但殊不知，司法伦理的缺失比起司法技巧的缺失造成的后果更为严重。

司马光在《资治通鉴》中借他人之口指出宁用蠢人，不用小人，充分说明了在人才选聘上德之于才的重要性。对于法官的培养和选择，这一点同样值得我们借鉴。法律本身就是研究善和正义的学问[②]，而法官作为正义的化身，其应当是社会良知的典范、道德的先行者和法律的捍卫者。作为道德高地的楷模，法官首先自身必须有过硬的道德修养，否则也无从谈及捍卫社会正义。当然，这并非说有德足够，无才亦可。法官作为一名法律匠人，其专业技能是其安身

① 刘伯穆：《中国的法律教育》，载于《中国法学评论》1923年创刊号。
② 【美】罗伯特·N. 威尔金：《法律职业的精神》，王俊峰译，北京大学出版社2013年版，第18页。

立命、行使权力的必备要素，但法官作为伸张正义、明辨是非的代名词，较之于才，德显得更为重要。

良好的法官职业道德离不开职业素养的培育，强化职业道德教育，在法学教育课程中开设法律伦理课程迫在眉睫。从法学院学生到法官，是一个漫长的蜕变历程，不但需要大量的法律知识储备，还需要逐步形成法律思维，此外，还有很重要的一点——形成即将从事的法律职业的伦理观。大学法律教育培养的是这个国家未来的法官、检察官、律师，在培育法律理论的同时开展系统化的法律职业伦理教育，将法律技艺和法律伦理一并植根于法律学子心中，终有一日将生根发芽，枝繁叶茂，共同铸就法治的基石。要想一棵树笔直生长，干预得越早，成效自然应该是越明显的。现代的大学教育往往更为重视各种专门知识的传授，而忽略了道德品行的陶冶。法官职业的特殊性在于它是社会正义的化身，一个法官的言行投射在老百姓心中的印象很可能会直接影响整个社会对于法律权威的尊崇程度，而这种印象，相较于法律技能，可能更多的是关于法官行事中所体现出来的品格道德。按照上述司马光的人才分级法，一个智识卓著但行为失检的法官，远比一个才智平平却公正廉洁的法官，为害尤甚。综上所述，在大学，大力提倡法律伦理教育，并予以坚决地贯彻施行，功在眼下，利在千秋，必将对我们的法治理想插上助力的翅膀。

但学院教育远远不是法官职业学习的终点，而仅仅是一个门槛式、储备式的学习阶段。民众对法官的期望，除了严格的司法准入制度，法官个人丰富的阅历和精湛的专业背景也是一个“应然”状态下的法官的必备要素。而一个法学院的学生，完成学院课程、获得学历、通过专业的法律职业考试、通过严格的筛选进入初任法官队伍，其具备的也仅仅是理论性的知识储备，其对法官所应具备的审判技巧、实务经验、程序操作等实践性的能力，尚属空白，且法律是一门社会学科，其随着社会、经济的发展而不断更新，法官作为司法者必须跟上社会发展的脚步。综上所述，法官的职业再教育极其重要，甚至重于其在学院阶段所受的教育。古人说：活到老，学到老。这句名言之于法官而言，再契合不过。法官职业生涯就是一个漫漫的学习—实践—再学习之路。

第五章
检察官伦理规范

我国检察机关是国家法律监督机关，《宪法》第一百三十四条规定："中华人民共和国人民检察院是国家的法律监督机关。"《人民检察院组织法》第二条规定："人民检察院是国家的法律监督机关。"检察官，也称为"检察员"，是经过法定程序任命的，代表检察机关履行法律监督职能的人员。本章所讨论的检察官，包括检察官和检察官助理，不包括检察机关从事行政事务的工作人员。

第一节　检察官伦理规范的基本内容

一、检察官的角色定位

2016 年 12 月，最高人民检察院第十二届检察委员会第五十七次会议通过的《中华人民共和国检察官职业道德基本准则》（以下简称《检察官道德准则》）印发通知，明确要求全体检察官遵照执行，检察辅助人员参照执行。而以前与检察官同等要求的检察系统其他人员，如行政人员等，则并没有参照执行。司法改革后，检察院工作人员分为检察官、检察辅助人员、司法行政人员三类。其中，检察辅助人员是协助检察官履行检察职责的工作人员，包括检察官助理、书记员、司法警察、检察技术人员等。司法行政人员是从事行政管理事务的工作人员，主要负责检察院政工党务、行政事务、后勤管理等工作。从人员类别和职责可以看出，司法行政人员不参与司法办案，其职业道德准则应与《检察官道德准则》不同，因此没有必要参照执行。为贯彻落实司法体制改革的最新成果，本章所讨论的检察官职业伦理规范，所涵盖人群为检察官及检察辅助人员，不包括司法行政人员。

确定检察官的角色定位，是厘清检察官职业伦理的前提条件。《人民检察院组织法》规定，检察机关依照法律规定对有关刑事案件行使侦查权；对刑事案件进行审查，批准或者决定是否逮捕犯罪嫌疑人；对刑事案件进行审查，决定是否提起公诉，对决定提起公诉的案件支持公诉；依照法律规定提起公益诉讼；对诉讼活动实行法律监督；对判决、裁定等生效法律文书的执行工作实行法律监督；对监狱、看守所的执法活动实行法律监督；行使法律规定的其他职权。我国检察机关居于公安机关与人民法院之间，与公安机关、人民法院分工负责，互相配合，互相制约。从检察机关被赋予的使命来看，检察官在司法过程中承担着不同的职能：在侦查中，有类似于警察的侦查职能，主动侦查犯罪事实；侦查终结后，在审查起诉时有“审判官”的职能，对案件是否起诉、以何种罪名起诉有一定的决策权；在出庭公诉尤其是提起公益诉讼时有“公益守护人”的职能，应当为实现社会公平正义开展控辩；在刑罚执行过程中有“罪犯矫治师”的职能；对侦查、审判活动具有监督职能等。因此，现阶段我国大陆检察官的角色定位比较复杂。

二、检察官职业伦理的基本内容

（一）忠诚

忠诚是指忠心与实在的良好品质。忠，本义作“敬”解，古以不懈于心为敬；必尽心任事始能不懈于位；故忠从心。又以中有不偏不倚之意，忠为正直之德，故从中声。

诚，形声字。《说文》载：“诚，信也。从言，成声。”意谓对待人们要诚实讲信用，不搞鬼鬼祟祟的把戏和阴谋诡计。《礼记・中庸》载：“诚者天之道也，诚之者人之道也。”认为“诚”是天的根本属性，努力求诚以达到合乎诚的境界则是为人之道。又说“诚者，物之终始，不诚无物。”认为一切事物的存在皆依赖于“诚”。孟子《离娄・上》载：“是故诚者天之道也，思诚者人之道也”，《尽心・上》载：“反身而诚，乐莫大焉。”

忠诚，就是真心诚意，实实在在无二心。《荀子・尧问》载：“忠诚盛于内，賁于外，形于四海。”汉代荀悦《汉纪・文帝纪下》载：“周勃质朴忠诚，高祖以为安刘氏者必勃也。”唐代柳宗元《吊屈原文》载：“忠诚之既内激兮，抑衔忍而不长。”明代胡应麟《少室山房笔丛・史书占毕四》载：“汉末诸葛氏分处三国，并著忠诚。”

忠诚是我国公职人员职业道德最重要的一点，对检察官来讲尤其如此。作为国家利益、公共利益和人民利益的守护者，只有忠诚才能完成守护任务，只有忠诚才能不负人民重托，不负检察官之荣誉。

《检察官道德准则》第一条、《检察官宣誓规定》第四条、《检察官职业行为基本规范》第六、第八、第十条等体现了检察官的忠诚义务。这种义务的指向主体明确为检察官，其规范目标也明确为强化职业道德，随着检察官职业的发展和检察官职业共同体的形成而伦理化。

忠诚于党、忠诚于国家、忠诚于人民、忠诚于宪法和法律，是检察官忠诚伦理的内涵。

中国共产党是我国各民族人民利益的忠实代表，是中国社会主义事业的领导核心。党的领导地位在法律上已经得到确认，并受到人民群众的普遍拥护。忠诚于党，就是要牢牢树立政治意识、大局意识、核心意识、看齐意识，思想上始终保持与党中央高度一致，坚定对党的信念，执行党的指示，维护党的声誉，服从党的领导。

国家是阶级社会的产物，国家的意志通过法律体现出来，需要包括检察官在内的司法人员去执行。法律不能脱离国家而存在，司法人员是国家权力和意志的代表和具体执行者，因此，检察官必须无条件地忠诚于国家。检察官必须充分认识和了解中华民族发展的历史，认清当今中国的现实，清醒地认识西方法学理论和法律制度的进步性和局限性，自觉抵制“司法独立”等不符合中国国情的西方观点和价值观念；坚持中国特色社会主义的道路自信，按照党中央部署，全力推进政治体制机制改革和司法改革，不断增强对中国特色社会主义的政治认同、理论认同和情感认同。作为国家和人民利益的“看门人”，检察官要强化责任担当，始终坚持服务经济社会发展大局，自觉地把检察工作放在经济社会发展大局中谋划和推进，着力为重大项目建设、经济发展软环境建设以及民营经济发展提供强有力的检察保障；依法履行职责，严厉打击扰乱公共秩序、危害公共安全、严重刑事犯罪和商业贿赂等重大经济犯罪，深入推进打黑除恶专项斗争，千方百计维护社会和谐稳定。要研究运用法律监督手段促进解决不平衡、不充分的发展与人民群众对美好生活的向往之间的矛盾，努力为民族振兴、人民幸福创造良好的政务环境、司法环境、改革环境、市场环境和社会环境。

忠诚于人民是检察机关性质和检察工作宗旨的根本要求，是检察工作政治性、人民性和法律性统一的内在要求。人民群众是历史的真正创造者。中国共产党源于人民，依靠人民，服务于人民。忠于人民，就是要顺乎民意，关心人民疾苦，给人民一个安全的生活环境，这是忠诚于人民最本质、最实际的内容。要以“人民拥护不拥护，高兴不高兴，赞成不赞成，满意不满意”作为检察官工作的标准和尺度。忠诚于党、忠诚于国家、忠诚于人民是高度统一的。在我国，党是国家的领导核心，是被宪法和法律所确定的，而且在实践上，党发挥着领导国家的作用。从人民的角度看，我国是人民民主专政的国家，人民是国家的主人，国家是人民的国家，党又是人民利益的忠实代表，因此，党、国家、人民是一个不可割裂的整体。

忠诚于宪法和法律，自觉维护宪法和法律的统一、尊严与权威，是检察官的天职。宪法是一个国家的根本大法，各项法律制度是宪法原则和精神的具体化。我国宪法和法律是党和人民意志的集中反映，是为维护国家、民族、人民根本利益，维护社会正常发展秩序服务的。从这个角度来说，检察官作为宪法和法律实施的执行者，忠诚于宪法和法律，是忠诚于党、忠诚于国家、忠诚于人民的进一步具体化。

忠诚于宪法和法律，要求检察官一切职务活动都要围绕宪法和法律进行。宪法和法律是检察官工作的武器和工具，也是其存在的依据。作为法律执行者和实施者，检察官的灵魂就是宪法和法律，思想就是宪法和法律条文，一旦离开了宪法和法律，检察官就失去了灵魂，丧失了思想，其存在也就失去了意义。作为法律监督者，检察官在严格按照宪法和法律工作的同时，也要监督其他国家机关、团体、企事业单位和个人自觉遵守和执行法律，如有违反，要通过行使检察权进行纠正。在法律监督工作中，要做到“有法可依，有法必依，执法必严，违法必究”。所谓“有法可依”，就是检察官的职务行为应当于法有据；“有法必依”，就是检察官要按照国家制定颁布发行的法律、法规履行职务；“执法必严”，就是检察官要严格按照法律规定履行职责，在立案、侦查、起诉等各项检察业务中都要严格遵守法律法规规定；“违法必究”，就是对违反法律的人，必须追究法律责任，绝不允许其逍遥法外，逃避法律的惩处。

（二）为民

检察权源于人民，人民性是检察机关的根本属性，人民检察官首先承担的是对人民的责任。习近平总书记强调指出，“政法机关的职业良知，最重要的就是执法为民”①。党的十八大以来，党中央多次强调“坚持以人民为中心的发展思想”，要求司法机关“恪守司法为民的职业良知”。这些都要求必须把“为民”作为检察官职业伦理规范的重要内容。新修订的《检察官职业道德基本准则》第二条，即“坚持为民宗旨，保障人民权益”，对检察官的“为民”伦理作出明确规范，充分贯彻了习近平总书记的指示精神，鲜明而有力地强调了检察官的人民性。

检察官要亲民、利民、便民。要尊重人民的主体地位，始终把人民放在心中，坚持对人民负责，牢固树立人民利益至上的理念，坚持把最广大人民群众的根本利益作为一切工作的出发点和落脚点，落实到制定政策、确立工作目标、评价工作成效等检察工作的各个方面。执法办案要更为理性、平和、文明、规范，真正将人民群众满意度作为检察工作的评价标准。要运用法律武器，履行法定职责，着力维护人民群众的合法权益，依法惩处教育就业、征地拆迁、食品药品安全等民生领域犯罪，认真办理危害民生民利和脱贫攻坚涉农惠民领域的犯罪案件，加大对涉及百姓利益的民事行政申诉案件的法律监督力度，切实维护人民群众的合法权益。要创新社会矛盾化解机制，充分运用控申疏解、刑事和解、民事调解等矛盾化解机制，把排查、预防和化解社会矛盾贯穿于执法办案的各个环节；在行动上和思想上真正走进群众，切实增进与人民群众的感情，不断提高人民群众对检察工作的满意度。

要做到为民，检察官就必须依法维护和保障诉讼当事人及其他有关人员的合法权益。一是依法维护和保障他们的知情权。要依法进行检务公开，告知刑事诉讼参与人犯罪涉嫌罪名、强制措施、被害人权利被侵害的程度、案件所处的诉讼期间、司法机关办理情况、可以行使的相关程序性权利等，并指导他们或其律师、诉讼代理人咨询、查询，维护其合法权益。二是要依法维护和保障他们的控告权。三是依法维护和保障他们的请求权。要维护和保障刑事诉讼当事人申请回避、请求法律援助等权利。犯罪嫌疑人有权申请取保候审，被害人一方有权请求检察机关监督公安机关立案、对法院错误裁判抗诉、对不起诉或撤案重新审查决定，证人有权请求补偿因作证而遭受的经济损失并要求对本人

① 中共中央文献研究室：《十八大以来重要文献选编》（上），中央文献出版社2014年版，第718页。

及其近亲属提供法律保护，附带民事诉讼原告人有权请求赔偿、调解，鉴定人有权收取相应的鉴定费和请求应有的经济补偿，翻译人员有权请求给付报酬和经济补偿。此外，刑事诉讼当事人合法权利受到司法机关及其工作人员侵犯而遭受损失的，有权请求国家赔偿。对这些权利，检察官都应该依法予以保障。四是依法维护和保障他们的参与调查权。如对《刑事诉讼法》规定的证据调查与质证、申请通知新的证人到庭、调取新的物证、重新鉴定或勘验等权利，要依法予以维护保障。五是依法维护和保障他们的辩护权。按照法律规定保障被告人采取适宜的辩护方式，并听取其辩解。六是依法维护和保障沉默权。犯罪嫌疑人、被告人有不受强迫自证其罪的权利。对与本案无关的讯问、询问，刑事诉讼当事人有权拒绝回答。检察官不能因急于获取证据、早日结案而强迫犯罪嫌疑人、被告人自证其罪，甚至刑讯逼供。七是依法维护和保障他们的决定权。对刑事诉讼当事人做出的合乎法律规定的决定，检察官应当依法予以尊重和维护保障。八是依法维护和保障合法财产权。对非犯罪或其他非法手段获取的财产，不得追缴。检察官不得借着办案名义，违反法律规定查封、扣押、冻结嫌疑人的合法财产，更不得侵犯无关人员的财产权。九是依法维护和保障生命权与健康权。健康权是生命权的派生，是公民维护和保证身体机能正常运转的权利。检察官不得刑讯逼供或变相刑讯逼供。十是依法维护和保障人身自由和政治权利。检察官应当严格遵守刑事诉讼法的规定，不得侵犯人身自由和政治权利。例如，犯罪嫌疑人、被告人非经检察院批准、决定或者人民法院决定并由公安机关（或者国家安全机关）执行，不得逮捕。逮捕后 24 小时以内应当通知被逮捕人的家属。开展羁押必要性审查，对不应当逮捕或者无羁押必要的，应按照规定予以释放或者变更强制措施。县级以上人大代表犯罪需要逮捕的，必须经过人民代表大会主席团或人大常委会许可。取保候审强制措施只能采取保证人或保证金两种形式之一，不得两用。检察官不得以非法拘禁和其他方法非法剥夺或限制诉讼当事人人身自由，严禁非法搜查身体。对被羁押的犯罪嫌疑人、被告人禁止施行肉刑、刑讯逼供。对于犯罪嫌疑人、被告人住宅及相关场所搜查，除法定紧急情况外，检察官必须出示搜查证。因办案需要对通信进行检查的，必须依法定程序进行。犯罪嫌疑人、被告人只要没有被剥夺政治权利，就应当享有选举权和被选举权。无论在什么情况下，诉讼参与人的宗教信仰、婚姻家庭等都不得非法干涉。

（三）担当

担当，就是勇于承担并敢于负责。法律监督是宪法赋予检察机关的基本职责，作为检察官，就要勇敢地担负起职责，不畏艰难险阻，不计个人得失，以一颗公正为民之心，不辱检察使命。党的十八届四中全会《关于全面推进依法治国若干重大问题的决定》强调加强对司法活动的监督。检察官作为专司法律监督职责的司法人员，担当精神更显可贵。如果身为检察官，却对执法不严、司法不公问题不闻不问、当老好人，不愿监督、不敢监督、不会监督，就违反了最起码的职业伦理。《检察官职业道德准则》第三条，即“坚持担当精神，强化法律监督”，对检察官“担当”道德作出明确规范，充分体现了党中央的“敢于担当”要求，强调了担当的重要性，更加突出时代特点和检察官职业特色。

检察官要勇于行使权利清单规定的决定权或其他权限。法律赋予了检察官法律监督的职权，检察官就要敢于行使权力，要着眼于维护社会公平正义，聚焦行政执法和司法过程中的突出问题，全面加强对刑事诉讼、民事诉讼、行政诉讼及其执行以及行政执法环节的法律监督。要坚决维护国家统一，保障国家安全，旗帜鲜明地加入反渗透、反分裂、反恐怖斗争中，严厉打击煽动颠覆国家政权等危害国家安全和国家利益的犯罪行为，着重提高办理网络危害国家安全犯罪和恐怖活动犯罪案件的能力水平。要自觉维护社会和谐稳定，推动社会矛盾化解。通过审查批捕、审查起诉等，维护人民群众合法权益，严惩严重刑事犯罪。同时，积极利用专业优势，会同社会治理机构做好社会治理创新实践。要勇于对执行和监管活动进行监督，保障被羁押人员合法权益，对违规减刑、假释、暂予监外执行等群众反映强烈的问题，要敢于监督纠正。积极开展社区矫正法律监督，纠正脱管、漏管，促进社区服刑人员教育转化。对民事行政诉讼领域的裁判不公、虚假诉讼、民事调解损害国家社会公共利益、违法执行等问题，要通过提出抗诉或者再审检察建议等手段开展有效监督，加强公益诉讼工作，探索新途径、新方法，争取新突破，取得新成效。

检察官必须防止冤假错案。要从已经发生的冤假错案中吸取教训，从司法理念、工作观念、制度机制、能力素质各方面查找发生冤假错案的原因，引以为戒。对容易造成冤假错案的风险点加强预防，强化源头治理，做到有错必究，有错必改。要严格遵守案件办理程序，全面、客观收集证据，不仅要收集有罪证据，也要收集无罪证据；不仅要收集罪重证据，也要收集罪轻证据，依法保障犯罪嫌疑人合法权益。要严格把好审查批捕、审查起诉关口，坚持法定标准不动摇，防止人为拔高或者降低认定标准，注重证据的综合审查和排除，对非法证据坚决果断排除。不因为行政权力、社会舆论或当事人诉求等原因而放弃或放松办案标准，坚持用法治思维、法治方式处理问题。

（四）公正

公正是伦理学的基本范畴，意为公平正直，没有偏私。《荀子·正论》记载："故上者下之本也……上公正则下易直矣。"公正是一种价值判断，内含有一定的价值标准，一般而言，法律是当下的公正标准。英文中，公正写作"justice"，而"jus"作为词根，本身就含有法的意思。当然，公正并不必然意味着"同样的""平等的"。公正是检察官司法伦理的基本伦理之一。

习近平总书记强调："促进社会公平正义是政法工作的核心价值追求""政法战线的同志要肩扛公正天平、手持正义之剑，以实际行动维护社会公平正义"。[①] 公正是司法的生命，恪守客观公正义务是对检察官的根本要求。公正伦理规范的基本内容包括：

确立公正信仰。身处法治社会，司法人员首先要崇尚法治、信仰法治，做到宪法、法律至上，而不是权力至上、个人至上。所有检察事务的处理都要以法律作为尺度和标准，不能搞法外之治，不能在法律之外另立标准。在执行法律的过程中，要按照法律本身的公正性去实施。在刑事诉讼工作中，要切实按照法律的规定进行活动，不构成犯罪的不能追究刑事责任，已构成犯罪并需要追究刑事责任的，必须追究。既不冤枉一个好人，也不放过一个坏人，要将打击犯罪与保护人权有机统一起来。

客观求实履职。在工作中，检察官不能随心所欲，按照个人喜好或者主观意向开展工作，更不能胡思乱想天马行空，而要实事求是，从实际情况出发，在尊重客观事实的基础上发挥主观能动性。要克服片面性，全面客观分析问题，理性对待工作，严肃用权，使检察工作充满理性的光辉。

依法独立行使检察权。这里要注意与西方国家的"司法独立"区分开来。

---

① 习近平：《坚持严格执法公正司法深化改革促进社会公平正义保障人民安居乐业》，载于《人民日报》2014年1月9日第1版。

在法律规定的范围内，检察官独立自主的行使各项检察职权，不受其他国家机关、社会团体和个人的非法干涉。在我国，检察官依法独立行使检察权是有限度的，必须坚持党的领导，不能脱离国家权力机关的监督。同时，由于我国实行的是“检察一体化”体制，检察机关内部上下级之间是领导与被领导的关系，检察官行使检察权不能脱离上级的领导而独立进行。要通过司法改革，按照司法规律和检察职业特点，坚持突出检察官办案主体地位与加强监督制约相结合，健全司法办案组织，科学界定内部司法办案权限，完善司法办案责任体系，构建公正高效的检察权运行机制和公平合理的司法责任认定、追究机制，做到谁办案谁负责、谁决定谁负责，为检察官更好的依法独立行使检察权提供制度保障。

法律面前人人平等。检察官要坚持在适用法律上人人平等，不论任何人，只要触犯刑法构成犯罪，不管其出身、民族、种族、职业、性别、宗教信仰、教育程度、财产状况、职位高低，都要依法追究刑事责任。

维护实体公正和程序公正。检察官既要通过检察工作努力实现实体公正，也要注意对程序法的平等适用。在办理案件过程中，对于诉讼各方要一视同仁，不偏不倚。对具有法定事项应该回避的，应当自觉回避。

（五）廉洁

廉洁是检察官履行法定职责的重要保障，也是检察官最基本的职业操守。自古以来，做一名清官往往是古代有德官员最大的人生追求，而清廉也是老百姓对国家干部最大的赞誉。作为司法人员，担负着维护社会清正廉洁的重任，“其身正，不令而行”，更要做到自身廉洁。检察官只有自身廉洁了，才能“心底无私”，做到不偏不倚、公平公正。只有廉洁才能使人心生敬意、树立威望，才能做人有底气、做事有硬气、做官有正气，做到令行禁止。“公生明，廉生威”，只有清正廉明，才能成为民众信赖的执法者和法律尊严的维护者。

信任不能代替监督，检察官作为法律监督者，也必然要接受监督。检察官既要勇于监督别人，也要勇于接受别人监督，做到自身正、硬、净。只有自身清正廉洁，才能面对名利淡然处之、面对金钱坚决拒之、面对权势毫不畏之，才能做到监督有底气、有力度、有实效，才能履行检察权不偏不倚、不枉不纵。试想，如果一个检察官唯利是图，心有贪念，无论是贪财、贪色、贪名、贪升迁，或者贪其他东西，即使能力再强，他还是一个合格的检察官吗？只要心中有贪念，就算贪的不是钱财，贪的是名气，贪的是安逸，贪的是升迁，都可能让心中的天平出现倾斜，丧失公正执法的勇气，又何谈实现公平正义？对“名”不平和，对“位”不淡泊，对“利”不知足，对“权”不敬畏，如何能做到敢于担当、善于担当？贪图安逸的检察官，面对众多案件，不愿深入调查研究，做不到既收集不利于嫌疑人的证据，又收集有利于嫌疑人的证据，掌握案情始末，只求快速结案，又如何能保证案件质量赢得广大人民群众对检察官的信任？检察官如果贪名，在办案过程中挑肥拣瘦，只想办大案要案，当“打虎”的英雄，却对影响百姓生活的“蝇贪”“蚁贪”视而不见，或对小案件敷衍了事，草率结案，只会让检察官的形象在百姓心中坍塌。贪升迁的检察官，脚步所至，只在领导者目光所在，又怎么能期望他能独立办案不受权力干扰？

要加强学习教育，严守纪律规矩。检察官要始终把政治纪律和政治规矩放在第一位，通过学习教育，深刻认识反腐倡廉新常态，牢固树立规矩意识，坚定理想信念，践行道德高线，守住纪律底线。见贤思齐，积极向榜样学习。要大处着眼，小处入手，从细节做起，“勿以善小而不为，勿以恶小而为之”，严格要求自己，自我监督，自我约束，自觉遵纪守法。自觉净化工作圈、生活圈、社交圈，时刻牢记检察官身份，维护检察官形象，严格规范八小时以外的言行，培养健康的生活情趣。要警钟长鸣，从点滴做起，从自己做起，从当下做起，坚持不懈、持之以恒，几十年如一日地恪守廉洁伦理规范。做到人前人后一个样，工作业余一个样，有无监督一个样，保持一名检察官应有的廉洁本色。

第二节　检察官伦理规范的制度保障

一、制度伦理与伦理制度

制度伦理是一个外来词。虽然中国历来都是将伦理与制度相结合，但从来没有明确地提出过制度伦理的概念。在西方，1971 年，美国当代著名政治哲学家和伦理学家罗尔斯在《正义论》中指出，制度伦理主要是研究“社会基本结构”和制度安排的道德性、正当性、合理性问题，其实质是社会的公平分配及分配体制。制度伦理的根本目的是保证社会每个成员的基本权利得到充分实现，使社会实现公平。他所阐发的理论引起了西方社会伦理学理论的转向，将人们的目光引向了对制度伦理问题的研究上。他认为只有蕴含了社会正义原则的制度伦理，才能维持社会合作体系的稳定、有序和持续发展。而在《资本论》中，马克思对资本家的道德批判总是与整个资本主义制度结合在一起，认为资本家个人的道德性是由整个资本主义社会的道德性决定的。我国改革开放的总设计师邓小平对社会主义本质的认识也包含着制度伦理的思想。他认为：“社会主义的本质，是解放生产力，发展生产力，消灭剥削，消除两极分化，最终达到共同富裕。”[①] 邓小平强调了社会主义最终要达到的目标是人的共同富裕，就是人的解放和全面发展，就是社会制度的公正和平等。他的认识实际上蕴含着对社会制度的伦理评价。

所谓制度，就是人们设计出来的，系统化、组织化约束或激励组织以及组织成员行为的一系列规则。制度具有强制性、确定性、平等性、系统性、缺陷性等特点。要实现伦理规范的制度化，就必须尽量克服其缺陷性，使制度能充分体现伦理精神，并通过科学制定、严格落实避免制度的纸面化，让制度成为组织成员自觉遵守的规则。从我国历史来看，古代儒家推行的政治伦理就是对制度的伦理设计。当时政治、伦理没有区分开来，政治手段与伦理手段、政治规范与伦理规范往往无法区分，甚至合而为一。正因为如此，有的学者将中国社会称为政治伦理型社会，将中国文化称为政治伦理文化。在西方，无论是柏拉图《理想国》中所向往的贤人政治，还是亚里士多德的伦理学，其制度与伦理的结合都极为鲜明。

检察官伦理规范制度就是检察官伦理制度化与制度伦理化的统一，是从检察官制度的伦理化走向检察官伦理的制度化。检察官制度伦理化，就是对检察官制度中蕴含的道德原则、伦理追求、价值判断进行考察和求证。制度往往蕴含伦理，虽然大多数检察制度本身并不是具体的、直接的道德规范，但在制度

① 《邓小平文选》第 3 卷，人民出版社 1983 年版，第 373 页。

设计与运行时往往要依据并体现特定的伦理要求和道德原则。检察官伦理的制度化，是指制度化的检察官伦理，即以制度形式存在的、外在于检察官个体的伦理要求和道德价值目标。或者说，是将抽象的、不确定的道德情感、道德理想通过制度表现出来，使其“物化”“固定”，成为具有强制性、普遍性约束力的现实制度，也就是检察官伦理制度。从我国检察官伦理发展历史来看，已经出台了多部有关伦理制度的法规，检察官伦理制度化正在逐步实现，虽然现在仍未制定出完整而规范的《检察官伦理规范》，但对检察官伦理规范进行规定的制度，却已经不少了。

二、我国检察官伦理规范的制度渊源

按照内部关联性和一定的秩序组成的对检察官伦理进行制度性规定的整体系统，称为检察官伦理规范的制度体系。我国检察官职业伦理规范的制度渊源，既有国际性组织制定的专业伦理规范，又有国内制定的各种规定、准则、条例等。对我国检察官职业伦理具有指导性和适用性的国际性规范主要包括联合国预防犯罪和罪犯待遇大会于1990年通过的《检察官作用之准则》和国际检察官协会于1999年4月通过的《检察官专业责任及主要职责和权力之声明》。就国内而言，既有国家权力机关制定的法律性规范，又有检察系统内部制定的职业纪律及其他规范性文件，其中又以国家权力机关制定的法律性规范为根本。国内法律性规范方面，主要有我国《宪法》第三十七条、四十条、六十二条、六十三条、六十五条、一百零一条、一百零三条、一百二十九～一百三十五条对检察官职业伦理作出的直接或者引申性的规定。此外，《人民检察院组织法》《检察官法》是大陆检察官伦理规范制度体系中最为主要的法律文本。由于大陆检察官同时归属于公务员范畴，因此，也应遵从《公务员法》的伦理规定。《刑事诉讼法》对检察官同样具有非常重要的职业伦理意义。而且，由于我国大陆检察系统中中国共产党党员比例高，因此中央出台的政策、方针、从严治党的各项法规对党员检察官具有伦理指导和规范意义，而进行国家监察体制改革后，监察委员会对所有公职人员实行“全覆盖”性的监察，因此修订后的《监察法》有关条款也将成为检察官伦理规范的重要组成部分。另外，检察系统内部出台的各类“法规性”职业纪律和规范性文件，对检察官职业伦理具有针对性和适用性很强的特点。总体而言，我们可以整理出大陆检察官职业伦理规范制度体系，如表5－1所示。

表5－1　大陆检察官职业伦理规范制度体系

国际性渊源	联合国	《检察官角色指引》
		《通过提升检察官服务之廉洁及能力以强化法律规范》
		《执法人员行为准则》
	国际法曹协会	《法律专业通则》
	国际检察官联合会	《检察官专业责任及主要职责和权力之声明》
国内渊源	中国共产党有关政策、法规、规定	中共中央有关政策、方针、决定等
		《中国共产党纪律处分条例》
		《中国共产党党员领导干部廉洁从政若干准则》
		《中国共产党廉洁自律准则》
		……
	宪法及法律条款	《宪法》条款
		《公务员法》条款
		《检察官法》
		《人民检察院组织法》
		《人民检察院刑事诉讼规则》
	检察机关内部“法规性”纪律及其他规范性文件	《检察官职业道德基本准则》
		《检察人员纪律处分条例（试行）》
		《检察官职业行为基本规范（试行）》
		……

我国检察官职业伦理规范体系既有底线性伦理规定，也有程序性伦理规定，还有德行伦理内容，对检察官的惩戒性、激励性和引导性规范同时存在。从内容区分，可以分为三个层级：一是底线性伦理规范。底线性伦理规范体现的是检察官最基本、最低要求的触及伦理，如不贪污受贿、不接受当事人财物、不接受当事人吃请、不以案谋私、借办案插手经济事务等，其中大多属于禁止性规定，在《检察官法》及其他制度中都有体现。二是程序性伦理规范。主要是对检察官依法履职进行严格规定，其中既有履职过程中的相应职责规定，又有

如何依法履职的规定。如《刑事诉讼法》《人民检察院刑事诉讼规则》对刑事诉讼过程中检察官如何依法履职做了详细的程序规定，《检察人员纪律处分条例（试行）》要求检察官不得消极履职、拖延办案、贻误工作等。三是德行伦理规范。如《检察官职业行为基本规范（试行）》规定检察官要坚持依法履行职责，严格按照法定职责权限、标准和程序执法办案，不受行政机关、社会团体和个人干涉，自觉抵制权势、金钱、人情、关系等因素干扰。要保持和发扬良好思想作风、学风、工作作风、领导作风、生活作风、执法作风，具有良好的职业礼仪等。又如《检察机关奖励暂行规定》对检察官的激励性引导等。

三、我国制度伦理规范分析

（一）宪法和法律

我国《宪法》主要从法律地位和权力逻辑上对检察权进行了界定，确立了检察官政治伦理的原则方面的内容。其相关条款及引申出的检察官职业伦理内容包括：检察官主要承担法律监督职能；检察长由相应的人民代表大会选举产生，对其负责，受其监督，有义务接受其质询或者罢免；最高人民检察院检察长最长任期为两届；检察系统上下级之间为领导与被领导关系；依法独立行使检察权，不受行政机关、社会团体及个人干涉；检察官不得在行政、审判、人民代表大会等国家机关或者其他私营部门兼职；遵守宪法对公民权利的保护，不得随意侵犯公民的通信自由和秘密，对公民进行通信检查需依照法律规定的程序进行；检察官应当虚心接受和认真对待公民的批评、建议、控告、申诉和检举，必须查清事实，认真负责处理，不得泄露秘密，更不得压制和打击报复；检察官侵犯公民权利并造成损失的，要按照法律规定基于赔偿；要维护人权和公民宪法权；检察官在办理刑事案件时，应当与法院和公安机关分工负责，协调配合，以保证准确有效的执行法律等。[①]

《人民检察院组织法》主要对检察机关的性质、基本工作原则、设置和职

① 参见《中华人民共和国宪法》，2018 年 3 月 11 日第十三届全国人民代表大会第三次会议修订。

权、办案组织、人员组成、行使职权保障等作出了规定，奠定了检察官组织伦理的基础。在《宪法》基础上，它进一步细化了各级人民代表大会与检察长、检察长与副检察长、检察委员会与检察官之间的权责关系，明确了检察长对检察院工作的统一领导权、检察委员会的民主集中制组织原则，明确了人民检察院依照法律规定独立行使检察权，不受行政机关、社会团体和个人的干涉；人民检察院坚持司法公正，以事实为根据，以法律为准绳，遵守法定程序，尊重和保障人权；人民检察院行使检察权在适用法律上一律平等，不允许任何组织和个人有超越法律的特权，禁止任何形式的歧视。任何单位或者个人不得要求检察官从事超出法定职责范围的事务。对于领导干部等干预司法活动、插手具体案件处理，或者人民检察院内部人员过问案件情况的，办案人员应当全面如实记录并报告；有违法违纪情形的，由有关机关根据情节轻重追究行为人的责任。人民检察院采取必要措施，维护办案安全。对妨碍人民检察院依法行使职权的违法犯罪行为，依法追究法律责任。①

如果说《宪法》的相关条款及《人民检察院组织法》是从政治和组织层面对检察职业伦理提出了要求，那么《检察官法》则是从检察官职业的角度，构建了其权利与义务、职务与责任的基本框架。《检察官法》涉及检察官职业伦理的有：依法履行职责，保障司法公正；依法进行法律监督工作；严格遵守并忠实执行宪法和法律，全心全意为人民服务；以事实为依据，以法律为准绳，秉公执法，不得徇私枉法；维护国家利益、公共利益，维护法人、自然人及其他组织的合法权益；清正廉明，忠于职守，遵守纪律，恪守职业道德；保守国家秘密和工作秘密，对履行职责中知悉的商业秘密和个人隐私予以保密；不得兼任行政机关、审判机关以及企业、事业单位的职务，不得兼任律师；从人民检察院离任后两年内，不得以律师身份担任诉讼代理人或者辩护人，离任后不得担任原任职检察院办理范围内的诉讼代理人或辩护人，配偶、子女不得担任该检察官所任职检察院办理案件的诉讼代理人或辩护人。《检察官法》还列举了一些需要给予奖励的、成绩显著或突出的优秀职业伦理行为：在检察工作中秉公执法，成绩显著的；提出检察建议或者对检察工作提出改革建议被采纳，效果显著的；保护国家、集体和人民利益，使其免受重大损失，事迹突出的；勇于

① 参见《中华人民共和国人民检察院组织法》，2018 年 10 月 26 日第十三届全国人民代表大会常务委员会第六次会议修订。

同违法犯罪行为作斗争，事迹突出的；保护国家秘密和检察工作秘密，有显著成绩的；有其他功绩的。对检察官的惩戒，《检察官法》规定检察官不得有下列行为：散布有损国家声誉的言论，参加非法组织，参加旨在反对国家的集会、游行、示威等活动，参加罢工；贪污受贿；徇私枉法；刑讯逼供；隐瞒证据或者伪造证据；泄露国家秘密或者检察工作秘密；滥用职权，侵犯自然人、法人或者其他组织的合法权益；玩忽职守，造成错案或者给当事人造成严重损失；拖延办案，贻误工作；利用职权为自己或者他人谋取私利；从事营利性的经营活动；私自会见当事人及其代理人，接受当事人及其代理人的请客送礼；其他违法乱纪的行为。此外，《检察官法》还对检察官的任免、回避、考核、工资保险福利，检察官考评委员会等进行了规定。①

我国目前除在部分地区试点法官、检察官单独职务序列改革外，尚未全面建立对检察官进行有别于一般公务员的管理体制，且法官、检察官仍纳入公务员序列管理，因此，《公务员法》对包括检察官、法官在内的所有国家公职人员提出的伦理要求及义务规定，也是检察官职业伦理规范制度体系的重要构成。《公务员法》共18章、113条，对公务员的权利义务、考核任免、奖励惩戒、培训保障、交流回避、职务升降等方面作出了规定。其中，第十四条规定公务员应当履行下列义务：忠于宪法，模范遵守、自觉维护宪法和法律，自觉接受中国共产党领导；忠于国家，维护国家的安全、荣誉和利益；忠于人民，全心全意为人民服务，接受人民监督；忠于职守，勤勉尽责，服从和执行上级依法作出的决定和命令，按照规定的权限和程序履行职责，努力提高工作质量和效率；保守国家秘密和工作秘密；带头践行社会主义核心价值观，坚守法治，遵守纪律，恪守职业道德，模范遵守社会公德、家庭美德；清正廉洁，公道正派；法律规定的其他义务。第三十五条规定，公务员的考核应当按照管理权限，全面考核公务员的德、能、勤、绩、廉，重点考核政治素质和工作实绩。考核指标根据不同职位类别、不同层级机关分别设置。公务员的考核分为平时考核、专项考核和定期考核等方式。定期考核以平时考核、专项考核为基础。第五十二条规定了应当予以奖励的优秀职业伦理表现，包括：忠于职守，积极工作，勇于担当，工作实绩显著的；遵纪守法，廉洁奉公，作风正派，办事公道，模范

① 参见《中华人民共和国检察官法》，2001年6月30日第九届全国人民代表大会常务委员会第二十二次会议修正。

作用突出的；在工作中有发明创造或者提出合理化建议，取得显著经济效益或者社会效益的；为增进民族团结，维护社会稳定做出突出贡献的；爱护公共财产，节约国家资财有突出成绩的；防止或者消除事故有功，使国家和人民群众利益免受或者减少损失的；在抢险、救灾等特定环境中做出突出贡献的；同违纪违法行为做斗争有功绩的；在对外交往中为国家争得荣誉和利益的；有其他突出功绩的。对负向职业伦理表现，《公务员法》在第五十九条作出了惩戒性规定：散布有损宪法权威、中国共产党和国家声誉的言论，组织或者参加旨在反对宪法、中国共产党领导和国家的集会、游行、示威等活动；组织或者参加非法组织，组织或者参加罢工；挑拨、破坏民族关系，参加民族分裂活动或者组织、利用宗教活动破坏民族团结和社会稳定；不担当，不作为，玩忽职守，贻误工作；拒绝执行上级依法作出的决定和命令；对批评、申诉、控告、检举进行压制或者打击报复；弄虚作假，误导、欺骗领导和公众；贪污贿赂，利用职务之便为自己或者他人谋取私利；违反财经纪律，浪费国家资财；滥用职权，侵害公民、法人或者其他组织的合法权益；泄露国家秘密或者工作秘密；在对外交往中损害国家荣誉和利益；参与或者支持色情、吸毒、赌博、迷信等活动；违反职业道德、社会公德和家庭美德；违反有关规定参与禁止的网络传播行为或者网络活动；违反有关规定从事或者参与营利性活动，在企业或者其他营利性组织中兼任职务；旷工或者因公外出、请假期满无正当理由逾期不归；违纪违法的其他行为。①

（二）党的重大政策决定

我国是中国共产党领导的社会主义国家，党政军民学，东西南北中，党是领导一切的。中国共产党是社会主义事业的领导核心，检察事业必须坚持党的领导。党的重大政策、方针，对检察官职业伦理具有极其重要的指导性作用。如 2012 年 12 月 4 日中央政治局会议审议通过的《中共中央政治局关于改进工作作风密切联系群众的规定》（简称“八项规定”），对密切联系群众、为群众服务、改进会风文风、厉行勤俭节约等方面进行了规定。后各地区又多结合本地实际，对“八项规定”的具体落实进行了相应细化。从 2012 年党的十八大以来中国共产党中央委

① 参见《中华人民共和国公务员法》，2018 年 12 月 29 日第十三届全国人民代表大会常务委员会第七次会议修订。

员会全体会议的决定来看，对全面建成小康社会、全面深化改革、全面依法治国、全面从严治党作出了一系列战略部署，其中很多对检察官伦理具有指导性意义。如党的十八大报告指出：法治是治国理政的基本方式；要推进科学立法、严格执法、公正司法、全民守法，坚持法律面前人人平等，保证有法必依、执法必严、违法必究；坚持和完善中国特色社会主义司法制度，确保审判机关、检察机关依法独立公正行使审判权、检察权。党的十八届三中全会《关于全面深化改革若干重大问题的决定》指出：建设法治中国，必须坚持依法治国、依法执政、依法行政共同推进，坚持法治国家、法治政府、法治社会一体建设；深化司法体制改革，加快建设公正、高效、权威的社会主义司法制度，维护人民权益，让人民群众在每一个司法案件中都感受到公平正义；坚持法律面前人人平等，任何组织或者个人都不得有超越宪法法律的特权，一切违反宪法法律的行为都必须予以追究；确保依法独立公正行使审判权检察权；改革司法管理体制，推动省以下地方法院、检察院人、财、物统一管理，探索建立与行政区划适当分离的司法管辖制度，保证国家法律统一正确实施；建立符合职业特点的司法人员管理制度，健全法官、检察官、人民警察统一招录、有序交流、逐级遴选机制，完善司法人员分类管理制度，健全法官、检察官、人民警察职业保障制度；健全司法权力运行机制；优化司法职权配置，健全司法权力分工负责、互相配合、互相制约的机制，加强和规范对司法活动的法律监督和社会监督；推进检务公开；增强法律文书说理性；严格规范减刑、假释、保外就医程序，强化监督制度；广泛实行人民监督员制度，拓宽人民群众有序参与司法的渠道。十八届四中全会专门对全面依法治国进行了部署，并审议通过了《中共中央关于全面推进依法治国若干重大问题的决定》，指出要保证公正司法，提高司法公信力。公正是法治的生命线。司法公正对社会公正具有重要引领作用，司法不公对社会公正具有致命破坏作用。必须完善司法管理体制和司法权力运行机制，规范司法行为，加强对司法活动的监督，努力让人民群众在每一个司法案件中感受到公平正义。提出完善确保依法独立公正行使审判权和检察权的制度，优化司法职权配置，健全公安机关、检察机关、审判机关、司法行政机关各司其职，侦查权、检察权、审判权、执行权相互配合、相互制约的体制机制，推进严格司法，保障人民群众参与司法，加强人权司法保障等。十八届六中全会审议通过的《关于新形势下党内政治生活的若干准则》和《中国共产党党内监督条例》，同样对检察官具有伦理规范作用。

（三）职业纪律相关规范性文件

程序性职业纪律，既包括对检察工作程序的规定，也包括在履职过程中的相关职业纪律要求。前者如《人民检察院刑事诉讼规则》，它要求检察官严格依照法定程序办案，正确履行职权，实现惩罚犯罪与保障人权的统一。它共有16章、708条，对检察官工作伦理进行了非常细致的规定，涉及管辖、强制措施、回避、审查逮捕、侦查、立案、审查起诉、辩护与代理、刑事诉讼法律监督、案件管理、出庭、刑事司法协助等多个方面。[①] 后者如《检察人员纪律处分条例（试行）》《检察人员执法过错责任追究条例》《对违法办案、渎职失职若干行为的纪律处分办法》《检察机关办理案件必须严格执行的六条规定》《最高人民检察院关于严禁检察人员违规驾车的四项规定》等。

《检察人员纪律处分条例（试行）》是对所有检察人员普遍适用的纪律规定。它详细列举了检察人员应该受到纪律处分的10种违法违纪行为，包括：第一，违反政治纪律的行为。如组织、参加反对党的基本理论、基本路线、基本纲领、基本经验或者重大方针政策的集会、游行、示威等活动，公开发表反对四项基本原则，或者反对改革开放的文章、演说、宣言、声明等。第二，违反组织、人事纪律的行为。如拒不执行组织的分配、调动、交流决定；在干部、职工的录用、考核、职务晋升、职称评定等工作中，隐瞒、歪曲事实真相或者利用职务上的便利违反规定，为本人或者其他人谋取利益等。第三，违反办案纪律的行为。如隐匿、销毁举报、控告、申诉材料，包庇被举报人、被控告人；滥用职权，对举报人、控告人、申诉人、批评人报复陷害；泄露国家秘密、检察工作秘密；为案件当事人及其代理人和亲友打探案情、通风报信等。第四，贪污贿赂行为。如利用职务上的便利，侵吞、窃取、骗取或者以其他手段非法占有公共财物；行贿或者介绍贿赂、挪用公款等。第五，违反廉洁从检的行为。如利用职务上的便利，非法占有非本人经管的国家、集体和个人财物，或者以购买物品时象征性地支付钱款等方式非法占有国家、集体和个人财物，或者无偿、象征性地支付报酬接受服务、使用劳务；违反规定，接受可能影响公正执法的礼品馈赠，不登记交公；违反规定经商办企业，或者违反规定从事营利活动，

① 参见《人民检察院刑事诉讼规则（试行）》，2012年10月16日最高人民检察院第十一届检察委员会第八十次会议第二次修订。

或者利用职务上的便利为其亲友的经营活动谋取利益等。第六，违反财经纪律的行为。如违反规定将公款、公物借给他人，或者以个人名义存储公款；在财务管理活动中违反会计法律、法规等。第七，失职、渎职行为。如不正确履行职责或者严重不负责任，致使发生重大责任事故，给国家、集体资财和人民群众生命财产造成较大损失或重大损失；不积极履行职责，拖延办案，贻误工作；在执法办案或者管理工作中失职、渎职，造成严重后果或者恶劣影响等。第八，违反警械警具和车辆管理的行为。如违反枪支管理规定，擅自携带枪支、弹药进入公共场所等。第九，严重违反社会主义道德的行为。如虐待家庭成员情节较重或者遗弃家庭成员；诬告陷害他人；侮辱诽谤他人；重婚或包养情妇（夫）等。第十，妨碍社会管理秩序的行为。如进行色情活动；嫖娼、卖淫；以营利为目的聚众赌博，参与赌博或为赌博提供场所等。[①]

如果说《检察人员纪律处分条例（试行）》普遍适用，那么《检察人员执法过错责任追究条例》《对违法办案、渎职失职若干行为的纪律处分办法》《检察机关办理案件必须严格执行的六条规定》《最高人民检察院关于严禁检察人员违规驾车的四项规定》等则属于针对某些人群、某种职务活动中存在的特定违法违规问题进行的专门的纪律规定。通常来说，它们是对通用性制度的细化，以增强通用性规定的实践性和可操作性。

（四）德行伦理规范性文件

德行伦理规范性文件主要包括《检察官职业道德基本准则》《检察官执业行为基本规范》《检察人员任职回避和公务回避的暂行办法》等。在此，重点对《检察官职业道德基本准则》和《检察官职业行为基本规范》进行介绍。

2009 年 9 月，最高人民检察院颁布了《检察官职业道德基本准则（试行）》，2016 年 12 月颁布了修订后的《检察官职业道德基本准则》。根据最高人民检察院的解释，这次修订，深入贯彻了党中央重要指示的重大举措，适应了司法体制改革新形势的现实需要，是推进检察队伍正规化、职业化、专业化的必然选择。按照中央司法体制改革方案，检察院工作人员分为检察官、检察辅助人员、司法行政人员三类。其中，检察辅助人员是协助检察官履行检察职责

① 参见《检察人员纪律处分条例（试行）》，2004 年 6 月 1 日经第十届第十三次最高人民检察院检察长办公会讨论通过。

的工作人员，包括检察官助理、书记员、司法警察、检察技术人员等。司法行政人员是从事行政管理事务的工作人员，主要负责检察院政工党务、行政事务、后勤管理等工作。从人员类别和职责可以看出，司法行政人员不参与司法办案，其职业道德准则应与《检察官职业道德基本准则》不同，因此新修订的《检察官职业道德基本准则》明确提出检察辅助人员参照执行，而没有要求司法行政人员参照执行，体现了司法改革的新精神。

新修订的《检察官职业道德基本准则》（以下简称《准则》）只有140字，比《检察官职业道德基本准则（试行）》［以下简称《准则（试行）》］的2 898字在篇幅上大为减少，不仅是文字的精炼，更是内涵的丰富和思想的提升。一是体例有所突破。《准则（试行）》采取章节结构，围绕忠诚、公正、清廉、文明独立成章，每一章细化为若干条。《准则》不分章节，一共5条，简洁明了地点明了忠诚、为民、担当、公正、廉洁的检察官职业道德基本要求，易记好懂。二是内容有创新。核心内容由忠诚、公正、清廉、文明四个关键词调整为忠诚、为民、担当、公正、廉洁五个关键词，保留了忠诚、公正两个关键词，增加了为民、担当两个关键词，将清廉改为廉洁，体现了继承与发展的统一。三是内涵有拓展。《准则（试行）》对检察官忠诚、公正、清廉、文明四个方面的基本职业道德要求进行了细化，在便于操作的同时，也存在挂一漏万的问题。客观地说，随着检察机关职能任务的变化，检察官职业道德要求也应当随之进行调整。职业道德基本准则作为相对固定的规范，如果规定得过细，就难以同步作出修改。《准则》通过概括性的表述，扩大了职业道德的内涵，较好地克服了这些弊端。四是思想有提升。《准则》对《准则（试行）》的核心要义进行了提炼，不仅文字更加精准，而且思想得到新的提升。① 《准则》共有5条：第一条为坚持忠诚品格，永葆政治本色；第二条为坚持为民宗旨，保障人民权益；第三条为坚持担当精神，强化法律监督；第四条为坚持公正理念，维护法制统一；第五条为坚持廉洁操守，自觉接受监督。②

《检察官职业行为基本规范（试行）》主要规定了检察官的职业信仰、履职行为、职业纪律、职业作风、职业礼仪、职务外行为等内容。职业信仰方面主

① 参见最高人民检察院：《让职业道德流淌在每名检察官的血液里》，http：//www. shjcy. gov. cn/xwdt/jcxw/27344. jhtml，2019年3月20日。

② 参见《检察官职业道德基本准则》，2016年12月5日最高人民检察院第十二届检察委员会第五十七次会议通过。

要有坚定政治信念；维护国家安全、荣誉和利益；坚持中国共产党领导，党的事业至上，自觉维护党中央权威；执法为民，人民利益至上，密切联系群众；坚持宪法法律至上，维护公平正义；服务大局，围绕中心工作履行法律监督职责；恪守职业道德。履职行为方面主要包括坚持依法履职；坚持客观公正；坚持打击与保护相统一；坚持实体与程序相统一；坚持惩治与预防相统一；坚持执行法律与执行政策相统一；坚持重证据，重调查研究；坚持理性执法，平和执法，文明执法，规范执法；重视群众工作，重视化解矛盾纠纷，重视舆情的应对与引导，自觉接受监督；精研法律政策，保持专业水准等。职业纪律方面，包括严守政治纪律、组织纪律、工作纪律、廉洁从检纪律、办案纪律、保密纪律、枪支弹药和卷宗管理纪律、公务和警用车辆使用纪律，严格执行禁酒令等。职业作风方面的内容有：保持和发扬良好的思想作风、学风、工作作风、生活作风、执法作风。职业礼仪方面的内容包括：要遵守工作礼仪、着装礼仪、接待礼仪和语言礼仪、外事礼仪等。职务外行为的规定包括慎重社会交往、慎重发表言论、遵守社会公德、弘扬家庭美德、培养健康情趣等。①

四、检察官职业伦理的制度保障

党的十八届三中全会提出健全法官、检察官、人民警察职业保障制度，将其作为推进法治中国建设的重要举措。党的十八届四中全会进一步要求完善职业保障体系，建立法官、检察官、人民警察专业职务序列及工资制度，促进法治专门队伍正规化、专业化、职业化，提高职业素养和专业水平。习近平总书记曾指出，健全司法人员职业保障是司法体制改革的基础性、制度性措施。这充分彰显了中央从责权利相统一的原则出发，在强化司法人员办案责任的同时，还重视为法官、检察官、人民警察能够依法公正履职提供必要的保障措施。② 其中，作为行使国家法律监督权能的行为主体，检察官的职业保障制度是增强其职业荣誉感和使命感的重要动因。③ 通过建立与检察官职业要求、执法办案责任

---

① 参见《检察官职业行为基本规范（试行）》，2010 年 9 月 3 日最高人民检察院检察委员会第十一届第四十二次会议讨论通过。

② 孟建柱：《深化司法体制改革》，《人民日报》2013 年 11 月 25 日，第 6 版。

③ 检察官职业保障制度包括对其职业权力、职业身份、职业收入、社会地位等方面的保障。

相匹配并符合其职业特点的身份保障、工资收入、保险救助、抚恤优待、功勋荣誉等制度体系，可以提高检察官的政治、经济和社会地位，从而进一步激发检察队伍的生机与活力，促使检察官更好的依法独立行使职权，践行检察官伦理规范，为打造高素质的职业化、专业化、精英化的检察群体奠定坚实的基础。

检察官职业保障制度是我国司法制度的重要组成部分，对于维护检察官的职业荣誉和尊严、促进检察机关依法独立行使检察权、实现司法公正、提升司法权威，具有非常重要的意义，是促进检察官职业化建设的必然要求，同时，也是减少和预防司法腐败的关键举措。目前，我国建立了与检察官职业保障有关的制度，《公务员法》《人民检察院组织法》《检察官法》及中央和地方的一些政策，也对检察官职业的保障均作出了规定。《检察官法》规定：检察官依法履行职责，受法律保护。明确了检察官的职责、义务和权利、条件、任免、任职回避、等级、考核、培训、奖励、惩戒、工资保险福利、辞职辞退、退休、申诉控告等。规定检察官的级别分为十二级，最高人民检察院检察长为首席大检察官，二~十二级检察官分为大检察官、高级检察官、检察官。工资保险福利方面，规定检察官的工资制度和工资标准，根据检察工作特点，由国家规定。检察官实行定期增资制度。经考核确定为优秀、称职的，可以按照规定晋升工资；有特殊贡献的，可以按照规定提前晋升工资。检察官享受国家规定的检察津贴、地区津贴、其他津贴以及保险和福利待遇。

虽然最新修订的《人民检察院组织法》《公务员法》《检察官法》在保护主体、运行程序等方面做出了规定，但如何建立适应司法体制改革后司法人员职业化需要的制度体系，从管理、人事、财政等方面去地方化、行政化，仍有待进一步具体落实。

第三节　检察官伦理规范的个人修养

检察官是国家的司法人员，其不仅从事公务活动，应当受到公务人员相关法令的约束，同时，因其代表国家从事司法的侦查、起诉、执行监督等工作，在公众眼中属于公平正义的"守夜人"，因此，作为法律的执行者，更应当带头遵纪守法，为社会起到表率作用。孔子在《论语》中说："其身正，不令而行；其身不正，虽令不从。"[①] 司法人员必须行为端正，才能得到人民的信任，对司法者提出更高的道德要求，符合我国的国情与文化传统。同时，对检察官提出更高的道德操守要求，也是国际间对检察官的基本要求，国际检察官协会制定的《检察官的专业责任与权利义务准则》第一条"检察官的专业行为规范"中，明确规定检察官应该永远保持专业水准，依法办事并符合专业规则及道德操守。

对于检察官职务外行为，《检察官职业行为基本规范》第四十五条规定：慎重社会交往，约束自身行为，不参加与检察官身份不符的活动。从事教学、写作、科研或参加座谈、联谊等活动，不违反法律规定、不妨碍司法公正、不影响正常工作。第四十六条规定：谨慎发表言论，避免因不当言论对检察机关造成负面影响。遵守检察新闻采访纪律，就检察工作接受采访应当报经主管部门批准。第四十七条规定：遵守社会公德，明礼诚信，助人为乐，爱护公物，保护环境，见义勇为，积极参加社会公益活动。第四十八条规定：弘扬家庭美德，增进家庭和睦，勤俭持家、尊老爱幼、团结邻里，妥善处理家庭矛盾和与他人的纠纷。第四十九条规定：培养健康情趣，坚持终身学习，崇尚科学、反对迷信，追求高尚、抵制低俗。[②]

综合《公务员法》《检察官法》《检察官职业道德基本准则》《检察官执业行为基本规范》等有关制度规定，简要归纳，检察官的职业伦理个人修养方面要求主要有诚信、谨言慎行、保持品位等。

一、诚实信用

诚信是检察官做人做事应有的基本态度。有人说，诚信是公民的"第二身份证"，可见诚信对个人而言具有多么重要的意义，对作为司法者的检察官来说，诚信更显重要。

① 北京爱如生数字化技术研究中心：《中国基本古籍库·论语》，黄山书社，第 31 页。
② 参见《检察官职业行为基本规范》，2010 年 9 月 3 日最高人民检察院检察委员会第十一届第四十二次会议讨论通过。

所谓诚信，“诚”就是诚实、诚恳，主要指主体真诚的内在道德品质；“信”就是信用、信任，主要指诚的外在表现。“诚”更多地指“内诚于心”，“信”则侧重于“外信于人”。“诚”与“信”一组合，就形成了一个内外兼备，具有丰富内涵的词汇。千百年来，诚信被中华民族视为自身的行为规范和道德修养，即真实、真诚，信守承诺、言行相符、表里如一。《礼记·祭统》记载：“是故贤者之祭也，致其诚信，与其忠敬。”① 宋代理学家朱熹认为：诚者，真实无妄之谓。② 就连《西游记》中的孙悟空，也曾引用《论语》：“人而无信，不知其可。”③ 认为人若不讲信用，在社会上就无立足之地，什么事情也做不成。

作为一名检察官，要做到诚信就要不造假、不矫揉、不滥情，实事求是，言行一致。时刻牢记对党和人民的承诺，不徇私情、不惧权势，公平公正办理案件。检察官办案，不能为达目的不择手段，一定要严格遵守法定程序，对证据的收集，不能有任何造假。发现错误要勇敢承认并第一时间改正，对不法行为，要敢于揭发斗争。即使是面对同事、单位内部的问题也不掩饰，敢于揭发抵制。如在办案过程中，面对领导或熟人的说情、打招呼，不仅要做到秉公执法，而且要有勇气拒绝乃至于揭发。认真执行领导干预案件记录制度，要敢于按照规定如实记录并上报。

检察官不仅在工作中要做到诚信，生活中同样要严格要求自己，将诚信视为“第二生命”。一要戒欺。不做欺骗的事情。不仅不欺骗别人，也不欺骗自己。不管是与人交往，还是自己独处，都能谨慎不苟且。很多腐败者走上贪腐道路的第一步，就是从自欺欺人开始的，从欺骗别人欺骗自己起步，直到最后坠入犯罪深渊无法回头。二要信守承诺。工作中信守对党和人民的承诺，生活中也要信守各项承诺。如果对别人许下诺言，就须认真对待，对自己的承诺负责，绝不掉以轻心，失信于人。在平日待人处事时，可先从守时开始做起，然后对家人、朋友信守承诺，以诚信待人。三要言行一致。不当“两面人”，当面一套背后一套。

---

① 北京爱如生数字化技术研究中心：《中国基本古籍库·礼记》，黄山书社，第279页。
② 北京爱如生数字化技术研究中心：《中国基本古籍库·朱子语类》，黄山书社，第1030页。
③ 北京爱如生数字化技术研究中心：《中国基本古籍库·论语》，黄山书社，第4页。

二、谨言慎行

检察机关作为法律监督机关，承担着守护公平正义的使命。检察官代表国家法律正义的执行者，“依法办事，于法有据”是老百姓对检察官的伦理期待。因此，检察官执行职务的行为应当是维护社会公平正义，检察官的言论，则应该于法有据，不狂言乱语。从较高的标准来看，检察官的言行应当成为老百姓的榜样或者学习效法的对象；从低标准来说，起码应当做到遵守有关纪律法规，不至于违法乱纪。

检察官在职务言行上，必须严格遵守法律规定。例如，在承办案件过程中，应该遵循刑事诉讼法规定，不泄露案情。对当事人进行讯问、询问时，应该言辞文明，不应该有歧视性、侮辱性、恐吓性、人身攻击等话语出现。在面对媒体时，应当严格遵守有关规定，不随意发表评论或刊载文章，尤其是不应该在网络媒体上随意发表不符合检察官身份的言论，因为此时很可能因为检察官的身份而引发舆情。身为一名检察官，对自己法定职务之外的事件发表言论，虽然并没有被法律所禁止，但此时仍应牢记检察官身份，因为如果他人知道你的身份后，自然会将你的言论对照检察官身份进行比对。尤其是在公开发表言论过程中，过度强调检察官身份，有时容易丧失作为司法人员应有的中立立场，会遭到强烈的舆情反弹。有时，检察官如果传播错误的言论给群众，可能会让群众基于对检察官的信任而造成误判，甚至引发社会问题。因此，检察官的言行举止，不管是基于职务活动而产生的，还是基于检察官身份而发表的言论，除了应该严格遵守有关规章制度外，还应该不断提高个人修养，提高要求尺度，自我限制对外发表言论的空间。

此外，检察官在以普通民众身份做事或者发表言论时，也应当保持谨慎与克制。虽然私生活看起来似乎与检察官身份无关，但在群众眼中，即使不是在行使检察权，检察官仍具有区别于普通民众的权力与影响力。因此，即使在日常生活中，当群众知道发表言论或做事的人是检察官时，仍然会基于其身份而产生廉洁、公正、客观等期待，一旦这种期待落空，就会产生疑虑，进而对检察官群体乃至于检察机关、公共部门产生不信任。在改革开放进入“深水区”

的历史时期，社会矛盾更容易因此被激化，老百姓对公权部门、公务人员的不恰当行为尤为敏感和厌恶，可以说，检察官的一言一行，不仅关乎自身形象，更与其所代表的群体和部门紧密相连。因此，无论何时，面对何事，检察官都应该保持谨慎态度，从言行上注意身份立场，遵守《检察官职业道德基本准则》《公务员法》等有关检察官职业伦理规范制度的要求。

三、维护荣誉和尊严

联合国《关于检察官作用的准则》指出："检察官作为司法工作的重要执行者，应在任何时候都保持其职业的荣誉和尊严。"在职务上，检察官是国家制度设计的、履行法律监督职能的执行者，是惩恶扬善、维护公平正义、保护社会公共利益的象征。检察官这个职位，是人民将权力交给国家行使而创立的，有着庄重、尊严的地位，有着无上的荣誉。作为一名检察官，从被任命的第一天开始，就应该清楚地认识到这是人民的嘱托，应该为维护检察官的荣誉和尊严不断努力。面对任何权势，不管是黑恶势力、豪门富商，还是政府高官，都应该无所畏惧，依法执行职务，不受其威吓、诱惑，做到不卑不亢。在处理案件时，能明辨是非，正确、有效、公正地处理有关事务，想人民之所想，急人民之所急，自然能得到群众的认可与信任，拥有荣誉和尊严。

在个人生活层面，检察官与普通百姓一样，拥有选择自己生活方式的权利，可以参加各种休闲娱乐、文体活动，也可以有自己的情感经历等。但是，由于检察官被百姓视为公正的象征，其行为理应具有社会示范的作用，因此相应的，在私生活上也不能随心所欲，而应当相对于普通老百姓有更高的道德标准。例如，出入高档会所、进行奢侈消费等，虽然可能使用的是自己或者家庭正当所得，但如果做得过于高调，则极可能引发群众不满。而如果所使用资金为贪腐所得，更是涉嫌违法犯罪了。又如，检察官闹婚外情，或者有复杂的男女关系等，恐怕也会有损检察官的荣誉和尊严。

为了维护检察官的荣誉和尊严，也为了能更好地履行职责，检察官还应当保持昂扬的斗志和永不放弃的学习精神。要克服不愿学、不勤学、不真学、不深学、不善学的问题，做到乐学、勤学、真学、深学、善学。要成为职业检察官，承担起国家和人民赋予的重任，没有与时俱进、终身学习的思想理念和行动是无法胜任的，也无法满足人民群众对检察官的期待。一是要注重检察职业道德、品行修为的终身学习。检察职业伦理和道德修养的提高不是一朝一夕的事情，正如园丁修剪枝叶，不断地将不必要的、腐烂的多余枝叶剪去，才能保持园艺的高水准。二是要注重法律专业知识的终身学习。众多的法律法规、司法解释，不断更新的知识均是专业学习的内容。没有完整的专业知识结构、良好的表达能力、较强的写作能力，是难以成为出色的检察官的。三是要注重工作方法的终身学习。工作有技巧、有方法，特别是专业性强的工作更是如此。思维不一样工作方法就不一样。简单处理复杂问题，复杂处理疑似简单问题，果断处理疑难问题不是有专业知识就行得通的，而是要讲究艺术，讲究方法。为什么同一个问题，张三处理不好，李四就搞好了，这是方法问题。工作方法的学习是终身的。只有不断地虚心学习，努力观察，努力反思，善于改正，才能收获进步。四是注重为人处事的终身学习。为人处事是一个人工作生活中最重要的内容。世上没有尽善尽美之人，只有比自己做得更好的人。作为一名检察官，要保持谦虚谨慎的态度，始终完善自己的为人处事态度和方式，做一个平和、内敛、善言、大度、谦逊的人，做一个值得老百姓信任的人。

第六章
律师伦理规范

如果说以法院、检察院为代表的司法机关是以公权力为支撑、在国家层面对权利保护的制度性设计，那么，律师则是在社会和个体层面，以私权利来强化对权利的维护和对权力的监督。也正是这种公与私、权力与权利的区别，使得律师成为一个非常特殊的职业：一方面，以维护委托人利益为生存之道和执业目标；另一方面，又肩负着维护法治、伸张社会正义的重担，是司法活动的专业参与者和司法官的重要来源，亦应当具备一定的道德水平和司法伦理。这既是其职业要求，亦是其职业价值和社会价值的必然要求。

第一节　律师伦理的基本原则

律师作为一种职业，与其他职业一样具有一定的社会和经济属性，必然要遵守社会和经济的一般伦理规范；但作为司法公正和法治建设的专业力量，其对司法公正和法治建设又具有重大的促进和推动作用，具有“公”的性质而不能单纯像私属部门或单位一样以自利或经济等为唯一追求，因此必须恪守“公”的伦理。因而，无论在法理、传统、律师自治等理论层面，还是实践层面，律师伦理架构规范均建立在这种双重属性之上。基于这种双重属性，笔者认为律师伦理的基本原则可以总结为以下三个方面：

一、委托人利益至上

法理上，律师是委托人的代理人，其就案件所主张的利益、立场视同委托人自身的利益和主张，因此，律师工作的出发点和目的自然是以委托人利益为优先，以实现委托人利益的最大化。从市场和经济的角度，委托人付费购买律师的专业服务，以市场交换之基本原则，律师自然要以委托人利益最大化为交付标的。这既是律师的生存之道，也是律师的契约义务。

为确保委托人利益至上，律师必须诚实守信、勤勉尽责，确保委托人的知情权、保守委托人秘密以及出现可能损害委托人利益时应予回避等。这里，需特别强调对委托人知情权的保障及利益冲突的选择和回避——只有保障了知情权，委托人才可能作出对自己最有利的抉择，从而维护自己的权益；另外，当律师或律所利益与委托人利益最大化发生冲突时，基于委托人利益至上原则，律师的选择只有三种：一是如实告知，请委托人作出选择并尊重委托人的选择；二是放弃委托；三是牺牲自己的利益，维护委托人的利益。

二、忠于法律

委托人利益至上，并不意味着律师唯委托人利益是图——律师必须忠诚于法律，对维护委托人权益的维护必须以法律为依据和界限，不得为了委托人或个人一己私利，违反法律法规，作出类似伪证串供、拉帮结派、吃请说情甚至行贿受贿等有损于法律公正性、严肃性的行为。

忠于法律，应尊重法院及法官的裁判权及对争议的终结性裁判，即便有争议，也应当通过立法或司法监督机制争取权益，而不宜采取其他涉嫌违法的方式和手段，在这一方面，律师要有服从规则、愿赌服输及苏格拉底殉道的意识和精神。①

忠于法律，还体现为对同为法律从业者的法官、检察官、律师的尊重——他们同样是维护法律公正（法官）、委托人（对检察官而言委托人是国家，代表共同利益）权益，个人修为及一言一行应该体现出法律的严肃性和庄严性。

三、恪守公正

法律只是维护社会秩序的方法之一，并不能解决所有的问题；而且，由于证据本身的局限性（时效性、可得性等）等原因，依证据和法律认定的事实可能与客观事实并不完全一致，那么此时，司法正义与客观正义可能出现背离，

① 尽管苏格拉底并不认可城邦对他的判决，但他依然拒绝逃跑，他认为，他应该服从城邦的判决。笔者对他以死殉道的做法并不认可，但对于他对法律的尊重深表叹服。

从而造成客观的不公正。在此情形下，律师应该尊重并在一定程度上保障对方当事人的基本权益，而不能简单唯委托人利益和法律是从，进而损害对方当事人或公众的基本权益，以确保司法正义与客观正义的趋同和社会和谐。可以说，任何以严重损害对方当事人、第三人、公众合法权益为代价的行为，即便实现了委托人利益的最大化，在整体上都是有损律师形象和法治建设的。

例如，在一起一对恋人因口角女方跳楼导致下体瘫痪的侵权案中①，仅从证据和法律的层面，如果律师坚持认为男方无过错，不应承担责任，胜算极大；但如此处理，对女方显然不是很公平，而且可能激化双方矛盾，依法处理，显然并不恰当；但最终，在双方律师协调之下，最终以男方补偿女方若干和解，虽各有损失，但亦基本满意，维护了各方诉求和和谐稳定。

第二节　律师伦理规范

律师在开展业务时，会接触到委托人、司法官员、对方当事人、同业律师及其他相关人等，也面临着行业自律组织的监管，显然，律师伦理规范应当涵盖律师在代理业务及与这些人等交往的全过程。

一、忠实规范

忠实规范，或者说是律师的忠实义务。第一，律师在接受咨询时，应当基于客观事实及法律规定，从最大限度维护当事人利益的角度，如实分析，如实告知并审慎地提供专业意见或建议；而不能为了展业，进行虚假陈述或劝诱委托。现实中，还是存在为了拿下委托而夸大其词或进行不实承诺的情形，这种

① 一对20余岁年轻恋人，某天因协商次日出游而发生争执，男方负气出走，彻夜未归；女方短信论理，并要求男方回至共同租住房屋“讲清楚”，男方置之不理，女方遂以不回即跳楼为威胁。男方以为儿戏，依然置之不理，最后女方跳楼，致下体瘫痪。

违反忠实义务的行为最终将损及律师本人声誉，不仅可能面临处罚，而且损及律师整体形象，得不偿失。

第二，在接受委托后，应当以最低的成本依法维护委托人合法利益，而不能为了自己的利益而让委托人的利益受损。在笔者亲历的一起普通房屋买卖纠纷案中，买方代理律师没有客观地从其委托人现实利益角度给出合理调解建议，顺从和鼓动其当事人起诉以证明自己“经验很丰富、胜诉率高”所言非虚，结果耗时四个多月，最终依然以笔者建议的和解方案为蓝本调解结案。显然，该律师实现了其对委托人的预判或者承诺，也维护了其委托人的合法利益，但其却让委托人付出了更多的时间成本和经济成本。实际上，律师的价值就在于在多大程度上充分利用自己的专业和经验，以最有效、最小的代价帮助委托人作出最有利的决定或取得最好的效果，而不仅仅是作出了正确的决定或赢得了官司。

此外，在以最低成本实现委托人最大利益的过程中，不能简单地追求经济效果而忽视委托人的心理和精神需求及长远利益，这一点在代理家事和商业案件中尤为重要。例如，应当避免在婚姻、继承等案件中造成对亲属、未成年人的潜在伤害和隔阂，为争讼双方案后的共处制造麻烦；在商业过程中，应当努力避免因为一次纠纷而彻底破坏双方以后合作的信任基础等。

第三，保密也是忠实义务的重要内容和体现，尤其是在商事案件、家庭纠纷案件及金融非诉案件中。泄密甚至利用工作所获得的秘密从事于与委托事项无关的事项，不仅损害委托人利益，有损声誉和职业形象，还可能触犯刑法，构成犯罪。保密，需要律师对秘密的概念、范围、保密措施、泄密应对、脱密、解密等有清晰的认识，并根据法律法规、律师自治规则、与委托人的约定等，以保护委托人权益为出发点和归宿界定与规范自己的行为。

第四，忠实并不意味着为了委托人利益做虚假陈述或伪证。尽管法律授予律师在执业过程中的言论豁免权，但这种豁免权并不包括做虚假陈述和伪证，而且虚假陈述和伪证无论在伦理上还是法律上，都是不道德和要受到惩处的。在律师伦理上，除非法律有明确规定，否则律师不应因为委托人的虚假陈述或伪证而站到其对立面或进行举报，但可以选择不发表意见或解除代理；如果委托人要求律师自己或教授委托人本人虚假陈述或做伪证，律师应当拒绝或解除委托，以保护自己并维护法律和司法的正义，否则将因小利而损大义。

第五，利益冲突协调规范。当律师本人或所在律师事务所利益与委托人利益可能发生冲突时，尽管没有法律的强制性规定，但律师或律师事务所通常会选择回避，以避免瓜田李下之嫌及可能对委托人利益造成的损害。例如，避免双方代理、避免自己或家属利益与委托人利益发生冲突等。这对于中小律师事务所很好解决，但对于规模较大的律师事务所可能就非常麻烦：分驻两地的分所或连锁律所是否可以同时代理诉讼双方？这个问题并不好解决。再者，利益冲突在时间和空间上消除时间应如何认定？例如代理了原告之后，多久可以接受被告的委托？这需要律师、律师事务所及律师自治机构进行进一步的思考和完善；但有一个基本原则必须遵守：不能损害原委托人的利益及对律师职业的基本信任。

第六，律师不得擅自解除委托。律师应当比一般职业群体更具契约精神，一旦接受委托，应当忠实如约履行义务。只有在发生对委托不利的利益冲突、履约违反律师伦理、不可抗力不可消除、与委托人协商一致的情形下，才能解除委托，且解除委托之后，应当协助委托人处理好后合同义务，如做好文件证据交接、与接手的律师做好工作交接及其他善后事宜等。

二、勤勉规范

受人之托，忠人之事，是勤勉应有之意。诉讼代理案件中，律师在证据分析、搜集、法律检索和分析、庭审准备等方面投入的时间和精力，往往对案件的结果有较大的影响；尤其是在非诉案件中，如并购、证券发行中的法律尽职调查，勤勉就显得尤为重要，会直接影响到委托人或利益相关方的重大决策。

但现实中，勤勉并没有明确、可操作性的认定标准，但共识是，至少要像处理自己的事情一样处理并将现实可以做的全部做到。例如，在某保险公司的内部律师沟通会议上，该保险公司负责人虽然对某律师代理意见交通事故理赔案件的败诉非常遗憾，但对该律师及团队三次到现场勘察、调查取证的勤勉精神非常感激和欣赏。又如在律师非诉业务中，事前制定周密的工作计划、事中做好工作底稿和律师报告、事后做好档案归集与保存等，都是勤勉尽责的体现和要求。事实上，虽然委托人需要的往往是其希望的、好的结果，但好的结果需要勤勉的工作来保证，而且勤勉的工作往往也体现了一种对委托人利益负责任的态度。

三、律师与法官、检察官的关系

律师的很大一部分工作就是和法官、检察官打交道，三者的工作和职业目标也都是一致的，即追求司法公正；但因为三者职权、司法中地位的不同，或许还有利益的不同，导致三者既相互支撑又相互冲突。但无论从何种角度，不相互勾兑是最基本的要求，也是律师与法官、检察官交往的基本原则。但这并不意味着律师与法官、检察官只能按照司法程序在法庭、检察机关或其他场所保持业务上的关系和往来。实际上，律师积极利用自身法律之外的专业优势（如专业性较强的建设工程、知识产权、医疗纠纷等）、证据优势、委托人信任优势等与法官、检察官保持积极的沟通，对于准确认定法律事实进而作出公正判决或裁定是大有裨益的，且并不违反任何法律法规和职业准则、伦理等。不仅如此，律师、法官、检察官还可以，也有必要保持专业研究方面的正常沟通、交流和相互学习。

律师应当尊重法官、检察官及其依法履行职务所作出的决定或裁判。法官、检察官的职权及依法做出的决定、裁判均系法律授权，无论是否认可，律师均应当予以尊重，如不服或持有异议，可以依法采取相应的救济措施；但不能因此而对法律文书和法官、检察官等采取否认、拒绝，甚至诋毁或其他损害司法权威的行为。这是维护法律权威和司法公正的必然要求，也是法治的基本要义和法律从业者的基本伦理要求。

四、律师与对方当事人及第三人的关系

诉讼案件中，律师不可避免地要与对方当事人打交道，显然在此过程中，律师应当忠于自己委托人的利益。首先，在与对方当事人交涉前，律师应当就交涉的目的与委托人进行沟通并获得委托人的同意或者授权，这是前提；如果是刑事案件，可能还需要报备侦办机关或获得侦办机关的许可。其次，如果对方当事人有代理律师，与对方代理律师进行交涉是恰当的，而且更有利于交涉

的顺利进行。最后，在与对方当事人交涉过程中，律师不应当回答对方当事人的咨询，即便发现对方当事人或其律师没有足够的能力维护其自身的基本权益，也不能向对方当事人提供咨询。因为律师不是法官，律师不是中立的，而是有偏向的，而且作为委托人的代理律师，必须忠于委托人利益，但可以提示对方当事人。作为委托人的律师是有偏向的——维护自己委托人的利益，但不包括维护对方当事人的利益。如果在与对方当事人的交涉中发现了确定的、对委托人不利的情形，那么基于维护委托人权益的需要，是可以为对方当事人提供一些咨询和意见的，但这些咨询和意见必须服务于并有利于委托人的最大利益。

律师也会与和委托人有关的其他人发生往来，有的是案件当事人，如接受亲属委托的案件中的当事人；有的是与委托人存在紧密关系的其他人，如委托人的近亲属、职工等。除委托人明确指定的委托人外，律师的服务对象、工作汇报的对象是委托人本人，维护的是委托人本人的利益诉求，而不是与委托人有关的亲属、职工等，这一点非常重要。

在非诉业务中，律师虽然接受了委托人的委托，但当律师工作成果的最终使用者是第三人或公众且第三人或公众的决定依赖于律师的工作成果时，那么，律师在忠于委托利益的同时，必须依法履责以兼顾第三人或公众利益。如果委托人的要求或行为严重损害到第三人或公众的根本利益，律师应该解除委托；否则，律师在坚持忠实义务的同时，可能损害第三人或公众利益而有损律师职业道德，甚至因违反法律法规或规范性文件的规定而受到处罚。

在与对方当事人或第三人交涉过程中，当对方当事人或第三人威胁或要挟律师本人，进而要求律师作出有损委托人利益的行为时，律师必须慎重判断，对于毫无依据的，应当断然拒绝并表明立场；对可能存在的，应当考虑如实告知委托人，请委托人决定或协商解除委托，但无论如何，不得背弃委托人利益。

五、律师竞业与自治

虽然我国每万人律师人数远远低于西方发达国家，律师服务营业收入在国家经济总量的占比几乎可以忽略不计，但律师之间的竞争却异常激烈，也极其不规范。为此，中华全国律师协会在 2018 年颁布了《律师业务推广行为规则

（试行）》，但现实中，夸大宣传、虚假承诺、低价竞争、诋毁同行、关系暗示与利益勾兑等依然存在，因此而受处罚甚至因此锒铛入狱的也大有人在，不仅葬送了自己的职业前途，也玷污了律师的职业声誉，是目前律师社会地位不高、展业困难的重要原因。

夸大宣传、虚假承诺不仅涉嫌欺诈，也有悖于律师的忠实原则；低价竞争、诋毁同行，无异于饮鸩止渴，最终搬起石头砸自己的脚；至于关系暗示、利益勾兑等，则是赤裸裸的欺诈和违法违规行为。律师展业和竞业应当像孔子所说的那样："君子无所争。必也射乎！揖让而升，下而饮，其争也君子。"以客观展示业务能力、经验为核心，然后交由委托人决定。至于律师或律师事务所能否以商业广告的方式宣传自我，法律和自治指导性规范文件并无禁止，只要没有虚假宣传、有损律师职业形象与荣誉，应该是可以和值得尝试的。

律师的自治在于两个层面，一个是律师事务所自治，另一个是行业自治，即律师协会自治。但目前，绝大多数律师事务所缺乏组织与自治。各级律师协会应进一步加强以律师为中心的服务和自治行为。根据笔者的执业经验及理解，当前现状之下，律师自治的重点应当在以下几个方面：

首先，切实保障律师执业权利。法律法规规定的律师调查取证权、会见权、言论免责等在现实中并没有得到有效的贯彻落实，这不仅损害了律师的基本权利，也间接损害了司法公正和权威的树立——当律师权利得不到充分保障时，委托人的合法利益必然受到影响，司法公正何以保障？没有一个个个案中委托人和当事人的认可，司法权威何以树立？因此，律师协会等自治组织应当向立法机构、行政机构、司法机关争取律师应有的权利并使律师的权利落到实处，以取得律师和律所的认可和支持。

其次，加强律师职业能力、道德培训和惩戒。打铁还需自身硬。过硬的业务能力、良好的职业操守，是律师获得社会认可和尊重、司法机关尊重的根基，也是实现行业自治的基础。律师自治组织应当在外争取律师权利的同时，内部要通过有层次的培训提高业务水平和职业操守认知，严惩害群之马，从而使律师德、艺水平达到与司法公正和法治相适应的程度，进而才能获得与律师职业相称的社会地位与声誉。

最后，加强律师事务所自治探索实践。律所是律师执业的基本组织行使，也是律师自治的基础性平台。除了极少数大所可能有相对规范的治理和管理外，绝大多数中小规模律所实际谈不上管理和自治。因而，探索和引导中小规模律师事务所治理和管理模式实践，是一项异常艰难同时也是避无可避的难题；如果能基本解决律师事务所自治问题，那律师协会自治和律师行业自治也就水到渠成了。

六、律师的社会责任

律师是司法的重要参与者，通过一个个的案例传递着法律和司法对公平正义的诠释和尺度，从而产生一定的社会影响，宣传和彰显法律和司法的公正，甚至改善社会制度性的公正与公平。因此，依法履职，忠实于委托人合法权益，维护法律和司法公正是律师的基本职责和社会责任。这一点在并购破产、证券金融等领域的非诉业务中更为重要，因为律师是否遵守职业操守和伦理做到了客观公正、勤勉尽责，直接关系到不特定公众的切身利益和国家利益。

不仅如此，律师还应该从个案和现实社会生活中发现制度性的漏洞和不公正设计，进而通过个案促进法律和制度的完善。例如，孙志刚案[①]推动了收容制度的废除、在佘祥林案等重大案件中的坚守坚持推动了更为严格的死刑复核及“疑罪从无”的司法实践、于欢杀人案及于海明正当防卫案[②]推动了正当防卫制度的进一步完善，等等。

此外，律师协会是承担律师社会责任的另一个重要主体。除了与消费者保护协会，中华全国妇女联合会，儿童保护、司法援助部门这些半官方的组织保持紧密的联系，服务于社会外；在当前立法、公共事务决策日益公开化的趋势下，律师协会似乎更应该利用专业优势，积极并有组织地参政议政、参加到公共事务的决策过程中，从而在源头和制度上确保法律自身的公正。

---

① 2003 年 3 月 7 日，刚到广州的孙志刚因为没有办理暂住证也未随身携带身份证，被派出所作为收容遣送人员送至广州市收容遣送中转站；3 月 20 日，孙志刚遭同房收治的遣送人员殴打后死亡。2003 年 5 月 4 日，三名法学博士及五名知名学者向人民代表大会常务委员会建议就收容遣送制度进行特别调查。2003 年 6 月，实施 21 年的收容遣送法规被废止。详见《孙志刚事件与社会公正》，中国法院网，https：//www.chinacourt. org/article/detail/2003/11/id/93745. shtml。

② 2018 年 8 月 27 日晚，刘海龙在昆山某路口因行车问题与于海明发生口角，刘海龙遂回车取出长刀连续击打于海明，中间刀脱手落地；于海明愤而抢先拣刀回砍刘海龙数下，最终致刘海龙不治身亡；检察机关最终认定于海明行为属于正当防卫，不负刑责。详见《警方通报昆山砍人案：于海明属于正当防卫，不负刑责》，中国法院网，https：//www. chinacourt. org/article/detail/2018/09/id/3482092. shtml。

第三节　律师的自我道德修养

律师是一个对道德要求异常高的职业，因为律师的工作质量和成果直接影响着个体和社会的利益以及法律在现实生活中对社会秩序的规制和协调；但同时，律师也是一种职业、一种谋生的手段，律师服务也是一种商业行为，一样要遵守市场经济逻辑。律师需要商业智慧和头脑，但律师不能成为商人，因为律师在追求利益的同时，还是一道不可逾越的底线，那就是法律和司法的公正，这是在选择律师这个职业时应当具备的基本意识和底线。

律师必须清醒地认识到恪守律师职业道德是本人及律师职业的生命线。法律之所以授予律师种种特权，委托人和公众之所以信赖律师并对律师寄予重托和厚望，不是因为律师的专业或者口吐莲花，而是因为相信通过律师的工作，可以实现公平正义或者能够在公平正义的道路上走得更远一些，甚至促进社会法治和公平正义的改善。如果律师形象坍塌了，那法律就跛脚了。因而，恪守律师职业道德是律师的基本道德修养，遵守律师职业操守及其职业准则是律师的基本行为准则。

律师必须信仰法律。尽管司法公正并非绝对或可达的，如会受证据、法律漏洞甚至枉法裁判等的干扰，但对于委托人而言，在其权利遭受侵害而私力救济无果时，现实且唯一可能选择和依靠的只有法律，进而在国家的强力作用下实现救济和正义。即便最终不能获得实质性的救济，也至少能借助法律和司法判决获得道义上的支持和制高点来对抗侵害，因为从法律成为法律的那一天起，就天然地具备正当性并站在了道义的制高点上；何况正义也许会迟到，但不会缺席。另外，法律的确定性，可以产生确定的预期，无论这种预期是好还是坏，都会导致一种新秩序的产生，从而让扭曲的正义又回到原本的位置。因此，无论从应然还是实然层面，律师都应该信仰法律。

第七章
法律职业共同体司法伦理规范

第一节　法律职业共同体的范畴

在改革开放之初，无论民间还是政府都已意识到，中国要实现法治，不仅要培养大批法律专业人才，更需要建立其专业化的法律职业体系甚至法律职业共同体。然而，有了大批法律人才并不必然就能自然而然地形成法律职业共同体。法律职业共同体必须具备一定共同的属性和特质，从而形成具有共同价值取向和凝聚力的群体。法律职业共同体形成的标志至少应当体现以下特征：（1）存在系统的法律体系和法律思维；（2）存在并传承着共同的基本价值观和信仰；（3）获得共同的资质或许可，如法学学位、法律职业资格证书等。

通常意义上，法律职业共同体是指以法官、检察官、律师、法学研究和教学人员为核心所组成的特殊社会群体。该群体的成员必须经过专门法律教育和职业训练，成为具有统一的法律知识背景、模式化思维方式、共同法律语言的知识共同体；成员以从事法律事务为本，成为有着共同的职业利益和范围，并努力维护职业共同利益的利益共同体；成员间通过长期对法治事业的参与和投入，达成了职业伦理共识，是精神上高度统一的信仰共同体。细而化之，法律职业共同体是一种知识共同体，分享共同的知识、经验和技能；利益共同体，拥有共同行业利益；精神共同体，分享价值观念和信念；制度共同体，拥有共同职业制度和行为规范；组织共同体，以行业协会的形式共同存在。①

韦伯在他的法律社会学理论中提及的“法律绅士”可以视作法律职业共同体的雏形，韦伯所称的“法律绅士”是指分属各个法律体系的法官、法学家、律师，还包括诸如印度的僧侣、罗马的法律解答者、犹太的拉比等。② 也有观点认为法律职业共同体并无一定范围，季卫东认为职业法律家的典型是法官、律师、检察官，然而其承担的职务范围却很广，包括企业和政府顾问、法学者、

① 黄文艺：《法律职业共同体具相同伦理精神》，载于《中国社会科学报》2010 年 10 月 26 日第 010 版法学。
② 【德】韦伯：《经济与社会》（下卷），林荣远译，商务印书馆 1997 年版，第 120 页。

政治家、行政官员及公司经营者等。①

自作为概念在我国正式提出至今，法律职业共同体步履蹒跚走到今天已有十数年。不过，可能除了在考司法考试时，大家曾同仇敌忾、众志成城，待越过这道大门，昔日志同道合的战友们顷刻便分道扬镳，成为泾渭分明的各路人马，在江湖上各自为政、浴血拼杀。这种分裂是基于职业分工，也是基于利益分配。如何弥补因此导致的职业伦理冲突则是需要我们下一步需要关注的问题。

第二节　法学学者司法伦理规范

法学研究讲求的是通过抽丝剥茧、化繁就简，从万千不同中总结、抽象出具有一般性、普遍适用的客观规律或法律规则，为此，法学理论可以脱离实际，设定若干假设和前提条件。然而，这些假设、条件在现实或具体的案件中不见得完全具备，因而，其使用自然也会受到限制。概而言之，学者固然要研究现实中的问题，但基于其研究目的和方法，最终必然要上升到理论层面，以求理论的正当性、完备性和周密性，即应然状态的法律和司法。而司法则不同，其所面对和要解决的，是现实中一个个具体鲜活的个案，呈现出极为明显的差异，如同世界上没有两片完全相同的树叶一样，从而使得司法活动结果呈现出较大的差异性，此即“法律的生命不在逻辑，而在经验”所言之真谛。同时，司法所依从的法律和程序是实然状态的法律法规，而非应然状态的法律法规，受现实法律法规自身的局限性及人自身因素的制约，现实的司法现象必然与理论上的司法现象存在出入。因此，当法学学者进入现实中的司法活动、解决现实中的纷争时，首先，必须从研究状态切换到实践状态，从理论上的应然状态切换到现实中的实然状态，用现实中的证据和法律法规来分析案件，而不是用理论上的假设和法理来解决现实中的问题。当然，这并非排斥法学理论在现实司法

① 季卫东：《法律职业的定位》，载于《中国社会科学》1994 年第 2 期。

中的应用，而是说在应然与实然发生冲突时，应以现实中的法律法规和法律事实优先。

其次，学者应就公开对具体案件进行评论保持一定克制。对于诉讼案件的裁判结果而言，是两造具备，双方当事人及代理人经历证据搜集、分析、质证、法官听讼及确证后的结果；非亲身经历或阅卷，是无法获悉案件全貌的，在此情形下，贸然以学者身份就具体案件发表意见，显然有失严谨和公允。非诉案件往往经过复杂的尽职调查和批准程序，更是非当事人能了解，故而对其评论更应谨慎。

更为重要的是，学者，尤其是知名学者，具有较高的社会公信力，其言论在互联网和自媒体高度发达的今天具有非常人能比拟的社会影响力。因此，学者对具体个案的评论，尤其是批判性评论和评价，可能对个案正义的实现有帮助，但势必将损害法律和司法的权威，得不偿失。如果学者一定要对案件进行评价，也应该脱离个案本身，上升到一般的角度，就法律、制度的完善提出建设性意见为佳；如果确有介入的必要，则务必立足于现行法律法规规定，通过法定通道介入，而不宜单纯以个人所认定的法理和应然处理。

再次，学者应当对现行法律和司法裁判持有应有的敬畏。法律属于上层建筑的一部分，虽然在应然层面可以达成某种共识，但在其内涵理解、实然进路、制度设计等方面却可能存在巨大差异甚至争议。但无论如何，社会是多样化的，罗马只有一个，但通往罗马的道路却有千万条。法学研究者应当在坚持个人理论观点和进路的同时，能够包容其他不同的观点和进路选择，尊重现有法律体系和司法机关依法作出的裁判，这既是法律的内在要求，也是维护法律统一性和法律权威的必然要求。

最后，学者要积极投身到司法和法治的建设进程中。虽然法学研究为司法及法律实践提供理论支持和指导，但法律从来都不是教条、一成不变的，而是鲜活的；因此，学者不仅要进行理论和应然法研究，更应该积极投入现实生活中的法律中去，如参与立法、司法、执法实践，担任司法机关公职等，从现实生活中检验和提炼法学理论并推动司法公正和法治建设的进程。

第三节　法律职业共同体的司法伦理规范

任何共同体，本质上都是利益共同体，法律职业共同体也不例外。然而，“法律职业共同体”的概念从正式提出，步履蹒跚走到今天已历经岁月，但除了在接受法学教育、司法职业资格考试时，具有基本一致的利益和价值观外，一旦进入司法实践领域，昔日志同道合的法律学人顷刻便分道扬镳，甚至成为泾渭分明的各路人马。龙宗智教授就曾直言，“司法道德的滑坡，有相当的普遍性。司法腐败的严重性，令人触目惊心”，他认为其症结在于信念的缺失——缺乏对法治的信仰、缺乏对社会公正的信念。[①]

事实上，法官、检察官作为行使公权力的法律人，有完善的履职程序及道德体系，这些程序和道德体系属于上层建筑的一部分，周全而严密；律师作为以提供市场化法律服务为生的职业，也有一套完整的职业道德体系，但却更贴近市场而不是上层建筑；法学学者则更加自由，只要遵守学术道德，可以超越现实和实然法，在理论和应然法领域自由翱翔。但法官、检察官、律师、法学学者这些价值观几乎相同的法律人却为何没能形成真正的职业共同体？究其原因，是因为这些法律职业共同体成员的信仰缺乏共同的基础，尤其是缺乏对中国司法公正和法治的进路及制度设计的共识，以及由于共识的缺乏而陷入相互的猜忌与内耗中。即便后来建立统一的司法职业考试制度也未能从根本上改观。

另外，作为建立法治、和谐社会的一部分，司法改革一直在试图努力通过顶层设计，建立具有共同价值观、进路观和伦理观的法律职业共同体，但由于无法跨越自身职业局限性和既有体制的惯性而收效甚微。但笔者认为，除必要的顶层设计外，还应该从司法实践的层间做一些努力和积累，为法律职业共同体及其共同司法伦理的建立打下坚实的基础。

首先，在统一法学教育体系和法律职业考试制度的基础上，应该增加法律

---

① 龙宗智：《重建司法伦理》，载于《国家检察官学院学报》2011 年 6 月第 19 卷第 3 期。

职业共同体共识教育，包括法治价值和内涵、法治进路、法律伦理、司法伦理等，从而在理论层面对法治及司法公正、司法伦理形成相对一致的共识，其中最大的共识应当是忠于法律，用忠于法律将坚持党的领导、忠于客户利益和学术自由统一起来，从而为法官、检察官、律师和学者的法治共识提供共同的基础和标准。因为，法律就是党和人民意志的最高体现，忠于法律就是忠于党，而法治的基本要义就是社会的一切活动，包括争议、秩序、学术研究等都必须依法而为而不能违反法律，否则就应当承担相应的不利后果，接受法律的制裁。

其次，进一步拓宽法律职业共同体内部不同职业之间的流通渠道。法律职业共同体在法治和司法伦理理论及法律上的共识是理性共识，还必须有感性的实践以验证和强化这种共识。因而，进一步疏通法官、检察官、律师和学者之间的职业流通渠道，不仅有利于验证和强化这种共识，而且对法治和司法公正也大有裨益。例如，前上海市高级人民法院副院长邹碧华生前一直致力于法官与律师相互尊重、相互学习，共同推进司法改革的努力，他牵头起草并实施的《上海市长宁区人民法院法官尊重律师的十条意见》《法官应当如何对待律师》等更是在律师界广为流传并获得律师的普遍赞誉。为此，长宁区律师工作委员会专门向所辖律师发出了尊重法官倡议书。上海律师学院则将做好庭前准备工作、法庭发言控制情绪以及给予法官充分尊重等内容列入实习律师培训内容。邹碧华法官去世时，更是在律师界引起了前所未有的悼念，但这样的情形在现实中非常罕见。

最后，应当尊重其他法律职业共同体的职权行为并加强违反司法职业道德的联合惩戒。正如邹碧华法官所言，律师对法官的尊重程度，体现了一个国家的法治发达程度；法官对律师的尊重程度，体现了一个国家的司法公正程度。法官、检察官、律师、学者应当相互尊重法律赋予对方的职业权利，尊重对方的职业行为及依职权作出的发言或裁决，这是法治应有之义，也是维护法律和司法公正及权威的必然要求；那么相应地，对于种种违反基本司法职业道德和法治精神的行为，要加强联合惩处力度，以维护司法公正以及法律职业共同体苦心经营方达致的有限共识和整体形象。

可以预见，法官、检察官、律师和学者之间一旦达成共识，将会形成一个相互尊重、相互独立、相互学习的职业共同体，律师可以充分发挥自身的能动性、智慧和经验以维护委托人的合法权益；检察官则可以在与律师的对抗中，重新审视自己的诉请以更好地维护法律和社会的公正；而法官则可以气定神闲地，在律师之间或律师与检察官之间的交锋中，更精准地认定法律事实并进行裁判；学者则可以让理论更接近现实并服务于法律实践，同时让理论在实践中接受检验。若果真如此，一个强大的法律职业共同体将引导法官、检察官、律师或许还有学者，将关注的焦点聚焦到司法公正和法治本身，共同推进法治社会的建设和实现。

参考文献

［1］罗国杰：《伦理学》，人民出版社 1989 年版。

［2］《伦理学》编写组：《伦理学》，高等教育出版社、人民出版社 2012 年版。

［3］王海明：《伦理学方法》，商务印书馆 2003 年版。

［4］李建华：《法律伦理学》，湖南人民出版社 2006 年版。

［5］李本森：《法律职业伦理（第三版）》，北京大学出版社 2016 年版。

［6］危国华：《司法伦理学》，武汉工业大学出版社 1993 年版。

［7］田传宝：《司法伦理学》，复旦大学出版社 1996 年版。

［8］郭磊：《司法伦理学》，湖北人民出版社 2006 年版。

［9］石文龙：《法伦理学》，中国法制出版社 2006 年版。

［10］刘正浩、胡克培：《法律伦理学》，北京大学出版社 2010 年版。

［11］万俊人主编：《20 世纪西方伦理学经典（Ⅰ）》，中国人民大学出版社 2004 年版。

［12］罗昶：《伦理司法——中国古代司法的观念与制度》，法律出版社 2009 年版。

［13］西方法律思想史编写组：《西方法律思想史资料选编》，北京大学出版社 1983 年版。

［14］王利明：《司法改革研究》，法律出版社 2000 年版。

［15］于世平：《走过法官的岁月》，中国法制出版社 2007 年版。

［16］吴云：《通往正义之路：从教科书模式到中国司法改革的探索》，法律出版社 2011 年版。

［17］吴玉章：《法治的层次》，清华大学出版社 2002 年版。

［18］缪蒂生：《当代中国司法文明与司法改革——一种实证方法的研究》，中央编译出版社 2007 年版。

［19］【德】韦伯：《经济与社会》（下卷），林荣远译，商务印书馆 1997 年版。

［20］【日】森际康友：《司法伦理》，于晓琪、沈军译，商务印书馆 2010 年版。

［21］【英】摩尔：《伦理学原理》，长河译，商务印书馆 1983 年版。

［22］【美】罗伯特·N. 威尔金：《法律职业的精神》，王俊峰译，北京大学出版社 2013 年版。

［23］【法】爱弥尔·涂尔干：《职业道德与公民道德》，渠东、付德根译，上海人民出版社 2001 年版。

［24］中共中央文献研究室：《十八大以来重要文献选编》（上），中央文献出版社 2014 年版。

［25］《邓小平文选》第 3 卷，人民出版社 1983 年版。

［26］北京爱如生数字化技术研究中心：《中国基本古籍库》，黄山书社。

［27］李建华、周灵芳：《法律伦理学研究的时代使命——国内法律伦理学 30 年研究综述及展望》，载于《中南大学学报》（社会科学版）2009 年 10 月第 15 卷第 5 期。

［28］李军、陈淑萍：《中外法官职业伦理比较》，载于《内蒙古民族大学学报》（社会科学版）2013 年 5 月第 39 卷第 3 期。

［29］佟宝贵：《德国和波兰公务员制度概述》，载于《法学杂志》2003 年第 3 期。

［30］汪进元：《宪法的正当程序原则》，载于《法学研究》2001 年第 2 期。

［31］王淑荣：《论法官职业伦理——一种法官职业化视角的研究》，吉林大学博士学位论文，2015 年。

［32］任者春：《公正——当代伦理的精神指向》，载于《山东师范大学学报》2004 年第 4 期。

［33］周帼：《中国传统的伦理性司法对当代中国司法公正的启示》，载于《三江学院学报》2011 年第 9 期。

［34］蒋新建：《核心价值观取向下法官职业道德的构建》，载于《中国审判》2013 年第 6 期。

［35］程春：《马斯洛镜像：一碗滋养法官需求的“靓汤”》，载于《法律与

生活》2016 年 11 月刊。

[36] 孙笑侠：《司法权的性质是判断权》，载于《法学》1998 年第 8 期。

[37] 王申：《法官德性是法治之力量》，载于《东方法学》，2016 年第 2 期。

[38] 孙笑侠：《法律家的技能与伦理》，载于《法学研究》2011 年第 4 期。

[39] 王申：《法官德性是法治之力量》，载于《东方法学》2016 年第 2 期。

[40] 刘伯穆：《中国的法律教育》，载于《中国法学评论》1923 年创刊号。

[41] 孟建柱：《深化司法体制改革》，载于《人民日报》2013 年 11 月 25 日第 6 版。

[42] 黄文艺：《法律职业共同体具相同伦理精神》，载于《中国社会科学报》2010 年 10 月。

[43] 季卫东：《法律职业的定位》 载于《中国社会科学》1994 年第 2 期。

[44] 龙宗智：《重建司法伦理》，载于《国家检察官学院学报》2011 年 6 月第 19 卷第 3 期。

后　记

历时两年有余，本书终于定稿付印，长出一口气的同时，又觉长路漫漫。

人在解决生存和物质需求后，终将回归精神层面的自我追求。作为工作在司法第一线的检察官、法官、律师，学习、适用的都是同一套法律，然而，在司法实践中，因为各自岗位、角色定位、工作、生活经历甚或利益追求的不同，往往难以形成合力以共同维护法律的权威和司法的公正，甚至在追求正义的路上出现背向而行的状况。此种状况的发生，尽管原因是多方面的，但是欠缺司法伦理共识是关键。

基于共同的学习背景、多年的友谊、彼此的信任，更为重要的是，我们都有一个形成法律职业共同体以及达成司法伦理共识的良好愿望，于是，来自检察、审判、辩护与代理等司法一线的我们，组成了这个编写团队，抱持极大的热情与期待共同完成了这本书。

本书系徐汉明教授主持教育部哲学社会科学研究重大课题攻关项目“司法管理体制改革研究”的成果之五，其子课题由刘国媛研究员协助，并由刘国媛负责子课题框架结构的设计；李沉、程春、章海春共同讨论研究形成，分工撰写完成初稿后，最后由刘国媛统筹定稿。具体分工如下：第一章、第七章由刘国媛、李沉执笔，第二章、第五章由刘国媛、章海春执笔，第三章、第六章由李沉执笔，第四章由程春执笔。

最后，我们真诚地感谢课题主持人徐汉明教授所提出的司法管理体制改革整体框架设计与子课题设计指南，以及撰写过程中的倾力支持和指导；感谢武汉大学人文社会科学学报编辑部主任、《武汉大学学报》（哲学社会科学版）常务副主编刘金波老师对本书文字给予的非常认真、细致、专业的校订修改；感谢武汉市人民检察院在本书撰写过程中给予的大力支持。

学法律的人，对法律与司法多有理想化期待，独乐之余必求众乐。因此，尽管山高路远、可独善自身，但忍不住还要上下而求索以求大同——因为希望就在努力的前方。

是以为记。

刘国媛

2019 年 2 月于武汉